唐房玄齡等撰

晋書

第二册

卷一一至卷一八（志）

中華書局

晉書卷十一

志第一

天文上 天體 儀象 天文經星 中宮 二十八舍〔一〕 二十八宿外星 天漢起沒 十二次度數 州郡躔次

昔在庖犧，觀象察法，以通神明之德，以類天地之情，可以藏往知來，開物成務。故易曰：「天垂象，見吉凶，聖人象之。」此則觀乎天文以示變者也。尚書曰：「天聰明自我人聰明。」此則觀乎人文以成化者也。是故政教兆於人理，祥變應乎天文，得失雖微，罔不昭著。然則三皇邁德，七曜順軌，日月無薄蝕之變，星辰靡錯亂之妖。黃帝創受河圖，始明休咎，故其星傳尚有存焉。降在高陽，乃命南正重司天，北正黎司地。爰洎帝嚳，亦式序三辰。唐虞則羲和繼軌，有夏則昆吾紹德。年代緜邈，文籍靡傳。至于殷之巫咸，周之史佚，格言遺記，于今不朽。其諸侯之史，則魯有梓慎，晉有卜偃，鄭有裨竈，宋有子韋，齊有甘德，楚有唐昧，趙有尹皐，魏有石申夫，皆掌著天文，各論圖驗。其巫咸、甘、石之說，後代所宗。暴秦燔書，六經殘滅，天官星占，存而不毁。及漢景武之際，司馬談父子繼爲史官，著天官書，以明天人之道。其後中壘校尉劉向，廣洪範災條，作皇極論，以參往之行事。及班固敍漢史，馬續述天文，而蔡邕、譙周各有撰錄，司馬彪採之，以繼前志。今詳衆說，以著于篇。

天體

古言天者有三家，一曰蓋天，二曰宣夜，三曰渾天。漢靈帝時，蔡邕於朔方上書，言「宣夜之學，絕無師法。周髀術數具存，考驗天狀，多所違失。惟渾天近得其情，今史官候臺所用銅儀則其法也。立八尺員體而具天地之形，以正黃道，占察發斂，以行日月，以步五緯，精微深妙，百代不易之道也。官有其器而無本書，前志亦闕」。

蔡邕所謂周髀者，卽蓋天之說也。其本庖犧氏立周天曆度，其所傳則周公受於殷高，周人志之，故曰周髀。髀，股也；股者，表也。其言天似蓋笠，地法覆槃，天地各中高外下。北極之下爲天地之中，其地最高，而滂沲四隤，三光隱映，以爲晝夜。天中高於外衡冬至日之所在六萬里。北極下地高於外衡下地亦六萬里，外衡高於北極下地二萬里。天地隆高相從，日去地恆八萬里。日麗天而平轉，分冬夏之間日所行道爲七衡六間。每衡周徑里數，各依算術，用句股重差推晷影極游，以爲遠近之數，皆得於表股者也。故曰周髀。

又周髀家云：「天員如張蓋，地方如棊局。天旁轉如推磨而左行，日月右行，隨天左轉，故日月實東行，而天牽之以西沒。譬之於蟻行磨石之上，磨左旋而蟻右去，磨疾而蟻遲，故不得不隨磨以左迴焉。天形南高而北下，日出高，故見；日入下，故不見。天之居如倚蓋，故極在人北，是其證也。極在天之中，而今在人北，所以知天之形如倚蓋也。日朝出陽中，暮入陰中，陰氣暗冥，故沒不見也。夏時陽氣多，陰氣少，陽氣光明，與日同輝，故日出卽見，無蔽之者，故夏日長也。冬天陰氣多，陽氣少，陰氣暗冥，掩日之光，雖出猶隱不見，故冬日短也。」

宣夜之書亡，〔三〕惟漢祕書郎郗萌記先師相傳云：「天了無質，仰而瞻之，高遠無極，眼瞀精絕，故蒼蒼然也。譬之旁望遠道之黃山而皆青，俯察千仞之深谷而窈黑，夫青非眞色，而黑非有體也。日月衆星，自然浮生虛空之中，其行其止皆須氣焉。是以七曜或逝或住，或順或逆，伏見無常，進退不同，由乎無所根繫，故各異也。故辰極常居其所，而北斗不與衆星西沒也。攝提、塡星皆東行，日行一度，月行十三度，遲疾任情，其無所繫著可知矣。若綴附天體，不得爾也。」

成帝咸康中，會稽虞喜因宣夜之說作安天論，以爲「天高窮於無窮，地深測於不測。天確乎在上，有常安之形；地魄焉在下，有居靜之體。當相覆冒，方則俱方，員則俱員，無方員不同之義也。其光曜布列，各自運行，猶江海之有潮汐，萬品之有行藏也」。葛洪聞而譏之曰：「苟辰宿不麗於天，天爲無用，便可言無，何必復云有之而不動乎？」由此而談，稚川可謂知言之選也。

虞喜族祖河間相聳又立穹天論云：「天形穹隆如雞子，幕其際，周接四海之表，浮于元氣之上。譬如覆奩以抑水，而不沒者，氣充其中故也。日繞辰極，沒西而還東，不出入地中。天之有極，猶蓋之有斗也。天北下於地三十度，極之傾在地卯酉之北亦三十度，人在卯酉之南十餘萬里，故斗極之下不爲地中，當對天地卯酉之位耳。日行黃道繞極。極北去黃道百一十五度，南去黃道六十七度，二至之所舍以爲長短也。」

吳太常姚信造昕天論云：「人爲靈蟲，形最似天。今人頤前侈臨胸，而項不能覆背。近取諸身，故知天之體南低入地，北則偏高。又冬至極低，而天運近南，故日去人遠，而斗去人近，北天氣至，故冰寒也。夏至極起，而天運近北，故斗去人遠，〔三〕日去人近，南天氣至，故蒸熱也。極之高時，〔四〕日行地中淺，故夜短；天去地高，故晝長也。極之低時，日行地中深，故夜長；天去地下，故晝短也。」〔五〕

自虞喜、虞聳、姚信皆好奇徇異之說，非極數談天者也。至於渾天理妙，學者多疑。漢王仲任據蓋天之說，以駁渾儀云：「舊說天轉從地下過。今掘地一丈輒有水，天何得從水中行乎？甚不然也。日隨天而轉，非入地。夫人目所望，不過十里，天地合矣；實非合也，遠使然耳。今視日入，非入也，亦遠耳。當日入西方之時，其下之人亦將謂之爲中也。四方之人，各以其近者爲出，遠者爲入矣。何以明之？今試使一人把大炬火，夜行於平地，〔六〕去人十里，火光滅矣；非滅也，遠使然耳。今日西轉不復見，是火滅之類也。日月不員也，望視之所以員者，去人遠也。夫日，火之精也；月，水之精也。水火在地不員，在天何故員？」故丹楊葛洪釋之曰：

渾天儀注云：「天如雞子，地如雞中黃，孤居於天內，天大而地小。天表裏有水，天地各乘氣而立，載水而行。周天三百六十五度四分度之一，又中分之，則半覆地上，半繞地下，故二十八宿半見半隱，天轉如車轂之運也。」諸論天者雖多，然精於陰陽者少。〔七〕張平子、陸公紀之徒，咸以爲推步七曜之道，以度曆象昏明之證候，校以四八之氣，考以漏刻之分，占晷景之往來，求形驗於事情，莫密於渾象者也。

張平子既作銅渾天儀，於密室中以漏水轉之，令伺之者閉戶而唱之。其伺之者以告靈臺之觀天者曰，「璇璣所加，某星始見，某星已中，某星今沒」，皆如合符也。崔子玉爲其碑銘曰：「數術窮天地，制作侔造化，高才偉藝，與神合契。」蓋由於平子渾儀及地動儀之有驗故也。

若天果如渾者，則天之出入行於水中，爲的然矣。故黄帝書曰：「天在地外，水在天外」，水浮天而載地者也。又易曰：「時乘六龍。」夫陽爻稱龍，龍者居水之物，以喻天。天，陽物也，又出入水中，與龍相似，故以龍比也。聖人仰觀俯察，審其如此，故晉卦坤下離上，以證日出於地也。又明夷之卦離下坤上，以證日入於地也。需卦乾下坎上，此亦天入水中之象也。天爲金，金水相生之物也。天出入水中，當有何損，而謂爲不可乎？

故桓君山曰：「春分日出卯入酉，此乃人之卯酉。天之卯酉，常值斗極爲天中。今視之乃在北，不正在人上。而春秋分時，日出入乃在斗極之南。若如磨右轉，則北方道遠而南方道近，晝夜漏刻之數不應等也。」後奏事待報，坐西廊廡下，以寒故暴背。有頃，日光出去，不復暴背。君山乃告信蓋天者曰：「天若如推磨右轉而日西行者，其光景當照此廊下稍而東耳，不當拔出去。拔出去是應渾天法也。渾爲天之眞形，於是可知矣。」然則天出入水中，無復疑矣。

又今視諸星出於東者，初但去地小許耳。漸而西行，先經人上，後遂西轉而下焉，不旁旋也。其先在西之星，亦稍下而沒，無北轉者。日之出入亦然。若謂天磨右轉者，日之出入亦然，〔八〕衆星日月宜隨天而迴，初在於東，次經於南，次到於西，次及於北，而復還於東，不應橫過去也。今日出於東，冉冉轉上，及其入西，亦復漸漸稍下，都不繞邊北去。了了如此，王生必固謂爲不然者，疏矣。

今日徑千里，圍周三千里，中足以當小星之數十也。若日以轉遠之故，但當光曜不能復來照及人耳，宜猶望見其體，不應都失其所在也。日光旣盛，其體又大於星多矣。今見極北之小星，而不見日之在北者，明其不北行也。若日以轉遠之故，不復可見，其比入之間，〔九〕應當稍小，而日方入之時乃更大，此非轉遠之徵也。王生以火炬喻日，吾亦將借子之矛以刺子之楯焉。把火之人去人轉遠，其光轉微，而日月自出至入，不漸小也。王生以火喻之，謬矣。

又日之入西方，視之稍稍去，初尚有半，如橫破鏡之狀，須臾淪沒矣。若如王生之言，日轉北去有半者，其北都沒之頃，宜先如豎破鏡之狀，不應如橫破鏡也。如此言之，日入北方，不亦孤孑乎？又月之光微，不及日遠矣。月盛之時，雖有重雲蔽之，不見月體，而夕猶朗然，是光猶從雲中而照外也。日若繞西及北者，其光故應如月在雲中之狀，不得夜便大暗也。又日入則星月出焉。明知天以日月分主晝夜，相代而照也。若日常出者，不應日亦入而星月亦出也。

又案河、洛之文，皆云水火者，陰陽之餘氣也。夫言餘氣，則不能生日月可知也，顧當言日精生火者可耳。〔一〇〕若水火是日月所生，則亦何得盡如日月之員乎？今火出於陽燧，陽燧員而火不員也；水出於方諸，方諸方而水不方也。又陽燧可以取火於日，而無取日於火之理，此則日精之生火明矣；方諸可以取水於月，而無取月於水之道，此則月精之生水了矣。王生又云遠故視之員。若審然者，月初生之時及既虧之後，何以視之不員乎？而日食或上或下，從側而起，或如鉤至盡。若遠視見員，不宜見其殘缺左右所起也。此則渾天之理，信而有徵矣。

儀象

虞書曰：「在琁璣玉衡，以齊七政。」考靈曜云：「分寸之晷，代天氣生，以制方員。方員以成，參以規矩。昏明主時，乃命中星觀玉儀之游。」鄭玄謂以玉爲渾儀也。春秋文曜鉤云：「唐堯卽位，羲和立渾儀。」此則儀象之設，其來遠矣。綿代相傳，史官禁密，學者不覩，故宣、蓋沸騰。

暨漢太初，落下閎、鮮于妄人、耿壽昌等造員儀以考曆度。後至和帝時，賈逵繫作，又加黄道。至順帝時，張衡又制渾象，具內外規、南北極、黄赤道，列二十四氣、二十八宿中外星官及日月五緯，以漏水轉之於殿上室內，星中出沒與天相應。因其關戾，又轉瑞輪蓂莢於階下，隨月虛盈，依曆開落。

其後陸績亦造渾象。至吳時，中常侍廬江王蕃善數術，傳劉洪乾象曆，依其法而制渾儀，立論考度曰：

前儒舊說，天地之體，狀如鳥卵，天包地外，猶殼之裹黃也；周旋無端，其形渾渾然，故曰渾天也。周天三百六十五度五百八十九分度之百四十五，半覆地上，半在地下。其二端謂之南極、北極。北極出地三十六度，南極入地三十六度，兩極相去一百八十二度半强。繞北極徑七十二度，常見不隱，謂之上規。繞南極七十二度，常隱不見，謂之下規。赤道帶天之紘，去兩極各九十一度少强。

黃道，日之所行也，半在赤道外，半在赤道內，與赤道東交於角五少弱，西交於奎十四少强。其出赤道外極遠者，去赤道二十四度，斗二十一度是也。其入赤道內極遠者，亦二十四度，井二十五度是也。

日南至在斗二十一度，去極百一十五度少强。是也日最南，〔一〕去極最遠，故景最長。黃道斗二十一度，出辰入申，故日亦出辰入申。日晝行地上百四十六度强，故日短；夜行地下二百一十九度少弱，故夜長。自南至之後，日去極稍近，故景稍短。日晝行地上度稍多，故日稍長；夜行地下度稍少，故夜稍短。日所在度稍北，故日稍北，以至於夏至，日在井二十五度，去極六十七度少强。是日最北，去極最近，景最短。黃道井二十五度，出寅入戌，故日亦出寅入戌。日晝行地上二百一十九度少弱，故日長；夜行地下百四十六度强，故夜短。自夏至之後，日去極稍遠，故景稍長。日晝行地上度稍少，故日稍短；夜行地下度稍多，故夜稍長。日所在度稍南，故日出入稍南，以至於南至而復初焉。斗二十一，井二十五，南北相應四十八度。

春分日在奎十四少强，秋分日在角五少弱，此黃赤二道之交中也。去極俱九十一度少强，南北處斗二十一、井二十五之中，故景居二至長短之中。奎十四角五，出卯入酉，故日亦出卯入酉。日晝行地上，夜行地下，俱百八十二度半强，故日見之漏五十刻，不見之漏五十刻，謂之晝夜同。夫天之晝夜以日出沒爲分，人之晝夜以昏明爲限。日未出二刻半而明，日入二刻半而昏，故損夜五刻以益晝，是以春秋分漏晝五十五刻。

三光之行，不必有常，術家以算求之，各有同異，故諸家曆法參差不齊。洛書甄曜度、春秋考異郵皆云：「周天一百七萬一千里，一度爲二千九百三十二里七十一步二尺七寸四分四百八十七分分之三百六十二。」陸績云：「天東西南北徑三十五萬七千里。」此言周三徑一也。考之徑一不啻周三，率周百四十二而徑四十五，則天徑三十二萬九

千四百一里一百二十二步二尺二寸一分七十一分分之十。〔一三〕

周禮：「日至之景尺有五寸，謂之地中。」鄭衆說：「土圭之長尺有五寸，以夏至之日立八尺之表，其景與土圭等，謂之地中，今潁川陽城地也。」鄭玄云：「凡日景於地，千里而差一寸，景尺有五寸者，南戴日下萬五千里也。」以此推之，日當去其下地八萬里矣。日邪射陽城，則天徑之半也。天體員如彈丸，地處天之半，而陽城爲中，則日春秋冬夏，昏明晝夜，去陽城皆等，無盈縮矣。故知從日邪射陽城，爲天徑之半也。

以句股法言之，旁萬五千里，句也；立八萬里，股也；從日邪射陽城，弦也。以句股求弦法入之，得八萬一千三百九十四里三十步五尺三寸六分，天徑之半而地上去天之數也。倍之，得十六萬二千七百八十八里六十一步四尺七寸二分，天徑之數也。以周率乘之，徑率約之，得五十一萬三千六百八十七里六十八步一尺八寸二分，周天之數也。

減甄曜度、考異郵五十五萬七千三百一十二里有奇。一度凡千四百六里百二十四步六寸四分十萬七千五百六十五分分之萬九千四十九，減舊度千五百二十五里二百五十六步三尺三寸二十一萬五千一百三十分分之十六萬七百三十。

分黄赤二道，相與交錯，其間相去二十四度。以兩儀推之，二道俱三百六十五度有奇，是以知天體員如彈丸也。而陸績造渾象，其形如鳥卵，然則黄道應長於赤道矣。

績云「天東西南北徑三十五萬七千里」，然則績亦以天形正員也，而渾象爲鳥卵，則爲自相違背。

古舊渾象以二分爲一度，凡周七尺三寸半分。張衡更制，以四分爲一度，凡周一丈四尺六寸一分。蕃以古制局小，星辰稠概，衡器傷大，難可轉移，更制渾象，以三分爲一度，凡周天一丈九寸五分四分分之三也。

天文經星

洪範傳曰：「清而明者，天之體也。天忽變色，是謂易常。天裂，陽不足，是謂臣强。天裂見人，兵起國亡。天鳴有聲，至尊憂且驚。皆亂國之所生也。」馬續云：「天文在圖籍昭昭可知者，經星常宿中外官凡一百一十八名，積數七百八十三，皆有州國官宮物類之象。」張衡云：「文曜麗乎天，其動者有七，日月五星是也。日者，陽精之宗；月者，陰精之宗；五星，五行之精。衆星列布，體生於地，精成於天，列居錯峙，各有攸屬。在野象物，在朝象官，在人象事。其以神著，有五列焉，是爲三十五名。一居中央，謂之北斗。四布於方各七，爲二十八舍。日月運行，歷示吉凶，五緯躔次，用告禍福。中外之官，常明者百有二十四，可名者三百二十，爲星二千五百，微星之數蓋萬有一千五百二十。庶物蠢蠢，咸得繫命。不然，何以總而理諸？」後武帝時，太史令陳卓總甘、石、巫咸三家所著星圖，大凡二百八十三官，一千四百六十四星，以爲定紀。今略其昭昭者，以備天官云。

中宮

北極五星，鉤陳六星，皆在紫宮中。北極，北辰最尊者也，其紐星，天之樞也。天運無窮，三光迭耀，而極星不移，故曰「居其所而衆星共之」。第一星主月，太子也。第二星主日，帝王也；亦太乙之坐，謂最赤明者也。第三星主五星，庶子也。中星不明，主不用事；右星不明，太子憂。鉤陳，後宮也，大帝之正妃也，大帝之常居也。北四星曰女御宮，八十一御妻之象也。鉤陳口中一星曰天皇大帝，其神曰耀魄寶，主御羣靈，執萬神圖。抱北極四星曰四輔，所以輔佐北極而出度授政也。大帝上九星曰華蓋，所以覆蔽大帝之坐也。蓋下九星曰杠，蓋之柄也。華蓋下五星曰五帝內坐，設敍順帝所居也。客星犯紫宮中坐，大臣犯主。華蓋杠旁六星曰六甲，可以分陰陽而配節候，〔一三〕故在帝旁，所以布政教而授農時也。極東一星曰柱下史，主記過；左右史，此之象也。柱史北一星曰女史，婦人之微者，主傳漏，故漢有侍史。傳舍九星在華蓋上，近河，賓客之館，主胡人入中國。客星守之，備姦使，亦曰胡兵起。傳舍南河中五星曰造父，御官也，一曰司馬，或曰伯樂。星亡，馬大貴。其西河中九星如鉤狀，曰鉤星，直則地動。天一星在紫宮門右星南，天帝之神也，主戰鬬，知人吉凶者也。太一星在天一南，相近，亦天帝神也，主使十六神，知風雨水旱、兵革饑饉、疾疫災害所在之國也。

紫宮垣十五星，其西蕃七，東蕃八，在北斗北。一曰紫微，大帝之坐也，天子之常居也，主命主度也。一曰長垣，一曰天營，一曰旗星，爲蕃衞，備蕃臣也。宮闕兵起，旗星直，天子出，自將宮中兵。東垣下五星曰天柱，建政教，懸圖法。門內東南維五星曰尚書，主納言，夙夜諮謀，龍作納言，此之象也。尚書西二星曰陰德、陽德，主周急振無。宮門左星內二星曰大理，〔一四〕主平刑斷獄也。門外六星曰天牀，主寢舍，解息燕休。西南角外二星曰內廚，主六宮之內飲食，主后妃夫人與太子宴飲。東北維外六星曰天廚，主盛饌。

北斗七星在太微北，七政之樞機，陰陽之元本也。故運乎天中，而臨制四方，以建四時，而均五行也。魁四星爲琁璣，杓三星爲玉衡。又曰，斗爲人君之象，號令之主也。又爲帝車，取乎運動之義也。又魁第一星曰天樞，二曰琁，三曰璣，四曰權，五曰玉衡，六曰開陽，七曰搖光，一至四爲魁，五至七爲杓。樞爲天，琁爲地，璣爲人，權爲時，玉衡爲音，開陽爲律，搖光爲星。石氏云：「第一曰正星，主陽德，天子之象也。二曰法星，主陰刑，女主之位也。三曰令星，主中禍。四曰伐星，主天理，伐無道。五曰殺星，主中央，助四旁，殺有罪。六曰危星，主天倉五穀。七曰部星，亦曰應星，主兵。」又云：「一主天，二主地，三主火，四主水，五主土，六主木，七主金。」又曰：「一主秦，二主楚，三主梁，四主吳，五主燕，六主趙，七主齊。」

魁中四星爲貴人之牢，曰天理也。輔星傅乎開陽，所以佐斗成功，丞相之象也。七政星明，其國昌；輔星明，則臣强。杓南三星及魁第一星西三星皆曰三公，主宣德化，調七政，和陰陽之官也。

文昌六星，在北斗魁前，天之六府也，主集計天道。一曰上將，大將軍建威武。二曰次將，尚書正左右。三曰貴相，太常理文緒。四曰司祿、司中，司隸賞功進。五曰司命、司怪，太史主滅咎。六曰司寇，大理佐理寶。所謂一者，起北斗魁前近內階者也。明潤，大小齊，天瑞臻。

文昌北六星曰內階，天皇之階也。相一星在北斗南。相者，總領百司而掌邦教，以佐帝王安邦國，集衆事也。其星明，吉。太陽守一星，在相西，大將大臣之象也，主戒不虞，設武備。西北四星曰勢。勢，腐刑人也。天牢六星，在北斗魁下，貴人之牢也。

太微，天子庭也，五帝之坐也，十二諸侯府也。其外蕃，九卿也。一曰太微爲衡。衡，主平也。又爲天庭，理法平辭，監升授德，列宿受符，諸神考節，舒情稽疑也。南蕃中二星間曰端門。東曰左執法，廷尉之象也。西曰右執法，御史大夫之象也。執法，所以舉刺凶姦者也。左執法之東，左掖門也。右執法之西，右掖門也。東蕃四星，南第一星曰上相，〔一五〕其北，東太陽門也；第二星曰次相，其北，中華東門也；第三星曰次將，其北，東太陰門也；第四星曰上將；所謂四輔也。西蕃四星，南第一星曰上將，其北，西太陽門也；第二星曰次將，其北，中華西門也；第三星曰次相，其北，西太陰門也；第四星曰上相；亦曰四輔也。東西蕃有芒及動搖者，諸侯謀天子也。〔一六〕執法移，刑罰尤急。月、五星入太微，軌道，吉。其所犯中坐，成刑。

其西南角外三星曰明堂，天子布政之宮。明堂西三星曰靈臺，觀臺也，主觀雲物，察符瑞，候災變也。左執法東北一星曰謁者，主贊賓客也。謁者東北三星曰三公內坐，朝會之所居也。三公北三星曰九卿內坐，主治萬事。〔一七〕九卿西五星曰內五諸侯，內侍天子，不之國也。辟雍之禮得，則太微、諸侯明。

黃帝坐在太微中，含樞紐之神也。天子動得天度，止得地意，從容中道，則太微五帝坐明以光。黃帝坐不明，人主求賢士以輔法，不然則奪勢。四帝星俠黃帝坐，東方蒼帝，靈威仰之神也；南方赤帝，赤熛怒之神也；西方白帝，白招矩之神也；北方黑帝，叶光紀之神也。

五帝坐北一星曰太子，帝儲也。太子北一星曰從官，侍臣也。帝坐東北一星曰幸臣。屏四星在端門之內，近右執法。屏，所以壅蔽帝庭也。執法主刺舉，臣尊敬君上，則星光明潤澤。郎位十五星在帝坐東北，一曰依烏郎府也。周官之元士，漢官之光祿、中散、諫議、議郎、三署郎中，是其職也。郎，主守衞也。其星不具，后妃死，幸臣誅。星明大及客星入之，大臣爲亂。郎將在郎位北，主閱具，所以爲武備也。武賁一星，在太微西蕃北，下台南，靜室旄頭之騎官也。常陳七星，如畢狀，在帝坐北，天子宿衞武賁之士，以設强禦也。星搖動，天子自出，明則武兵用，微則兵弱。

三台六星，兩兩而居，起文昌，列抵太微。一曰天柱，三公之位也。在人曰三公，在天曰三台，主開德宣符也。西近文昌二星曰上台，爲司命，主壽。次二星曰中台，爲司中，主宗室。東二星曰下台，爲司祿，主兵，所以昭德塞違也。又曰三台爲天階，太一躡以上下。一曰泰階。上階，上星爲天子，下星爲女主；中階，上星爲諸侯三公，下星爲卿大夫；下階，上星爲士，下星爲庶人：所以和陰陽而理萬物也。君臣和集，如其常度，有變則占其人。

南四星曰內平，近職執法平罪之官也。中台之北一星曰太尊，貴戚也。

攝提六星，直斗杓之南，主建時節，伺禨祥。攝提爲楯，以夾擁帝座也，主九卿。明大，三公恣。客星入之，聖人受制。西三星曰周鼎，主流亡。大角在攝提間。大角者，天王座也。又爲天棟，正經紀也。北三星曰帝席，主宴獻酬酢。北三星曰梗河，天矛也。一曰天鋒，主胡兵。又爲喪，故其變動應以兵喪也。星亡，其國有兵謀。其北一星曰招搖，一曰矛楯，其北一星曰玄戈，皆主胡兵，占與梗河略相類也。招搖與北斗杓間曰天庫。星去其所，則有庫開之祥也。招搖欲與棟星、梗河、北斗相應，則胡當來受命於中國。玄戈又主北夷，客星守之，胡大敗。天槍三星，在北斗杓東，一曰天鉞，天之武備也。故在紫宮之左，所以禦難也。女牀三星，在紀星北，後宮御也，主女事。天棓五星，在女牀北，天子先驅也，主分爭與刑罰，藏兵亦所以禦難也。槍、棓，皆以備非常也；一星不具，其國兵起。東七星曰扶筐，盛桑之器，主勸蠶也。七公七星，在招搖東，天之相也，三公之象也，主七政。貫索九星在其前，賤人之牢也。一曰連索，一曰連營，一曰天牢，主法律，禁暴强也。牢口一星爲門，欲其開也。九星皆明，天下獄煩；七星見，小赦；六星、五星，大赦。動則斧鑕用，中空則更元。漢志云十五星。天紀九星，在貫索東，九卿也，主萬事之紀，理怨訟也。明則天下多辭訟；亡則政理壞，國紀亂；散絕則地震山崩。織女三星，在天紀東端，天女也，主果蓏絲帛珍寶也。王者至孝，神祇咸喜，則織女星俱明，天下和平。大星怒角，布帛貴。東足四星曰漸臺，臨水之臺也，主晷漏律呂之事。西足五星曰輦道，王者嬉游之道也，漢輦道通南北宮，其象也。

左右角間二星曰平道之官。平道西一星曰進賢，主卿相舉逸才。亢。東咸、西咸各四星，在房心北，日月五星之道也。房之戶，所以防淫佚也。星明則吉；月、五星犯守之，有陰謀。鍵閉一星，在房東北，近鉤鈐，主關籥。

天市垣二十二星，在房心東北，主權衡，主聚衆。一曰天旗庭，主斬戮之事也。市中星衆潤澤，則歲實。熒惑守之，戮不忠之臣。彗星除之，爲徙市易都。客星入之，兵大起；出之，有貴喪。

帝坐一星，在天市中候星西，天庭也。光而潤則天子吉，威令行。候一星，在帝坐東北，主伺陰陽也。明大，輔臣强，四夷開；候細微，則國安；亡則主失位；移則不安。宦者四星，在帝坐西南，侍主刑餘之人也。星微，吉；非其常，宦者有憂。宗正二星，在帝坐東南，宗大夫也。彗星守之，若失色，宗正有事；客星守之，更號令也。宗人四星，在宗正東，主錄親疏享祀。族人有序，則如綺文而明正。動則天子親屬有變；客星守之，貴人死。宗星二，在候星東，宗室之象，帝輔血脉之臣也。客星守之，宗支不和。

天江四星，在尾北，主太陰。江星不具，天下津河關道不通。明若動搖，大水出，大兵起；參差則馬貴。熒惑守之，有立王。客星入之，河津絕。

天籥八星在南斗柄西，主關閉。建星六星在南斗北，亦曰天旗，天之都關也。爲謀事，爲天鼓，爲天馬。南二星，天庫也。中央二星，市也，鈇鑕也。上二星，旗跗也。斗建之間，三光道也。星動則衆勞。月暈之，蛟龍見，牛馬疫。月、五星犯之，大臣相譖有謀，亦爲關梁不通，有大水。東南四星曰狗國，主鮮卑、烏丸、沃且。熒惑守之，外夷爲變。狗國北二星曰天雞，主候時。天弁九星，在建星北，市官之長也，以知市珍也。星欲明，吉。彗星犯守之，糴貴，囚徒起兵。

河鼓三星，旗九星，在牽牛北，天鼓也，主軍鼓，主鈇鉞。一曰三武，主天子三將軍；中央大星爲大將軍，左星爲左將軍，右星爲右將軍。左星，南星也，所以備關梁而距難也，設守阻險，知謀徵也。旗卽天鼓之旗，所以爲旌表也。左旗九星，在鼓左旁。鼓欲正直而明，色黃光澤，將吉；不正，爲兵憂也。星怒，馬貴。動則兵起，曲則將失計奪勢。旗星差戾，亂相陵。旗端四星南北列，曰天桴，鼓桴也。星不明，漏刻失時。前近河鼓，若桴鼓相直，皆爲桴鼓用。

離珠五星，在須女北，須女之藏府，女子之星也。天津九星，橫河中，一曰天漢，一曰天江，主四瀆津梁，所以度神通四方也。一星不備，津關道不通。

螣蛇二十二星，在營室北，天蛇也，主水蟲。王良五星，在奎北，居河中，天子奉車御官也。其四星曰天駟，旁一星曰王良，亦曰天馬。其星動，爲策馬，車騎滿野。亦曰梁，爲天橋，主禦風雨水道，故或占車騎，或占津梁。客星守之，橋不通道。前一星曰策星，王良之御策也，主天子之僕，在王良旁。若移在馬後，〔一八〕是謂策馬，則車騎滿野。閣道六星，在王良前，飛道也。從紫宮至河，神所乘也，一曰，閣道星，天子游別宮之道也。傅路一星，在閣道南，旁別道也。東壁北十星曰天廐，主馬之官，若今驛亭也，主傳令置驛，逐漏馳鶩，謂其行急疾，與晷漏競馳也。

天將軍十二星，在婁北，主武兵。中央大星，天之大將也。南一星曰軍南門，主誰何出入。太陵八星在胃北，亦曰積京，主大喪也。積京中星衆，則諸侯有喪，民多疾，兵起。太陵中一星曰積尸，明則死人如山。北九星曰天船，一曰舟星，所以濟不通也。中一星曰積水，候水災。昴西二星曰天街，三光之道，主伺候關梁中外之境。卷舌六星，在昴北，主口語，以知佞讒也。曲，吉；直而動，天下有口舌之害。中一星曰天讒，主巫醫。

五車五星，三柱九星，在畢北。五車者，五帝車舍也，五帝坐也，主天子五兵，一曰主五穀豐秏。西北大星曰天庫，主太白，主秦。次東北星曰獄，主辰星，主燕趙。次東星曰天倉，主歲星，主魯衞。次東南星曰司空，主塡星，主楚。次西南星曰卿星，主熒惑，主魏。五星有變，皆以其所主占之。三柱一曰三泉。天子得靈臺之禮，則五車、三柱均明有常。其中五星曰天潢。天潢南三星曰咸池，魚囿也。月、五星入天潢，兵起，道不通，天下亂。

五車南六星曰諸王，察諸侯存亡。其西八星曰八穀，主候歲。八穀一星亡，一穀不登。天關一星，在五車南，亦曰天門，日月之所行也，主邊事，主關閉。芒角，有兵。五星守之，貴人多死。

東井鉞前四星曰司怪，主候天地日月星辰變異及鳥獸草木之妖，明主聞災，修德保福也。司怪西北九星曰坐旗，君臣設位之表也。坐旗西四星曰天高，臺榭之高，主遠望氣象。天高西一星曰天河，主察山林妖變。南河、北河各三星，夾東井。一曰天高，天之關門也，〔一九〕主關梁。南河曰南戍，一曰南宮，一曰陽門，一曰越門，一曰權星，主火。北河曰北戍，一曰北宮，一曰陰門，一曰胡門，一曰衡星，主水。兩河戍間，日月五星之常道也。河戍動搖，中國兵起。南河南三星曰闕丘，主宮門外象魏也。五諸侯五星，在東井北，主刺舉，戒不虞。又曰理陰陽，察得失。亦曰主帝心。一曰帝師，二曰帝友，三曰三公，四曰博士，五曰太史，此五者常爲帝定疑議。星明大潤澤，則天下大治；芒角，則禍在中。五諸侯南三星曰天樽，主盛饘粥以給貧餒。積水一星，在北河西北，水河也，所以供酒食之正也。積薪一星在積水東北，供庖廚之正也。水位四星，在積薪東，主水衡。客星若水火守犯之，百川流溢。

軒轅十七星，在七星北。軒轅，黃帝之神，黃龍之體也；后妃之主，士職也。一曰東陵，一曰權星，主雷雨之神。南大星，女主也。次北一星，夫人也，屏也，上將也。次北一星，妃也，次將也。其次諸星，皆次妃之屬也。女主南小星，女御也。左一星少民，后宗也。右一星大民，太后宗也。欲其色黃小而明也。軒轅右角南三星曰酒旗，酒官之旗也，主宴饗飲食。五星守酒旗，天下大酺，有酒肉財物，賜若爵宗室。酒旗南三星曰天相，丞相之象也。軒轅西四星曰爟，爟者，烽火之爟也，邊亭之警候。

爟北四星曰內平，平罪之官，明刑罰。少微四星在太微西，士大夫之位也。一名處士，亦天子副主，或曰博士官，一曰主衞掖門。南第一星處士，第二星議士，第三星博士，第四星大夫。明大而黃，則賢士舉也。月、五星犯守之，處士、女主憂，宰相易。南四星曰長垣，主界域及胡夷。熒惑入之，胡入中國；太白入之，九卿謀。

二十八舍

東方。角二星爲天關，其間天門也，其內天庭也。故黃道經其中，七曜之所行也。左角爲天田，爲理，主刑；其南爲太陽道。右角爲將，主兵；其北爲太陰道。蓋天之三門，猶房之四表。其星明大，王道太平，賢者在朝；動搖移徙，王者行。

亢四星，天子之內朝也，總攝天下奏事，聽訟理獄錄功者也。一曰疏廟，主疾疫。星明大，輔納忠，天下寧。

氐四星，王者之宿宮，后妃之府，休解之房。前二星，適也；後二星，妾也。後二星大，則臣奉度。

房四星，爲明堂，天子布政之宮也，亦四輔也。下第一星，上將也；次，次將也；次，次相也；上星，上相也。南二星君位，北二星夫人位。又爲四表，中間爲天衢，爲天闕，黃道之所經也。南間曰陽環，其南曰太陽；北間曰陰間，其北曰太陰。七曜由乎天衢，則天下平和；由陽道則旱喪；由陰道則水兵。亦曰天駟，爲天馬，主車駕。南星曰左驂，次左服，次右服，次右驂。亦曰天廐，又主開閉，爲畜藏之所由也。房星明，則王者明；驂星大，則兵起；星離，民流。又北二小星曰鉤鈐，房之鈐鍵，天之管籥，主閉鍵天心也。明而近房，天下同心。房、鉤鈐間有星及疏坼，則地動河清。

心三星，天王正位也。中星曰明堂，天子位，爲大辰，主天下之賞罰。天下變動，心星見祥。星明大，天下同。前星爲太子，後星爲庶子。心星直，則王失勢。

尾九星，後宮之場，妃后之府。上第一星，后也；次三星，夫人；次星，嬪妾。第三星傍一星名曰神宮，解衣之內室。尾亦爲九子，星色欲均明，大小相承，則後宮有敍，多子孫。

箕四星，亦後宮妃后之府。亦曰天津，一曰天雞，主八風。凡日月宿在箕、東壁、翼、軫者風起。又主口舌，主客蠻夷胡貉；故蠻胡將動，先表箕焉。

北方。南斗六星，天廟也，丞相太宰之位，主褒賢進士，稟授爵祿。又主兵，一曰天機。南二星魁，天梁也。中央二星，天相也。北二星，天府庭也，亦爲壽命之期也。將有天子之事，占於斗。斗星盛明，王道平和，爵祿行。

牽牛六星，天之關梁，主犧牲事。其北二星，一曰卽路，一曰聚火。又曰，上一星主道路，次二星主關梁，次三星主南越。搖動變色則占之。星明大，王道昌，關梁通。

須女四星，天少府也。須，賤妾之稱，婦職之卑者也，主布帛裁製嫁娶。

虛二星，冢宰之官也，主北方邑居廟堂祭祀祝禱事，又主死喪哭泣。

危三星，主天府天市架屋；餘同虛占。墳墓四星，屬危之下，主死喪哭泣，爲墳墓也。

營室二星，天子之宮也。一曰玄宮，一曰淸廟，又爲軍糧之府及土功事。星明，國昌；小不明，祠祀鬼神不享。離宮六星，天子之別宮，主隱藏休息之所。

東壁二星，主文章，天下圖書之祕府也。星明，王者興，道術行，國多君子；星失色，大小不同，王者好武，經士不用，圖書隱；星動，則有土功。

西方。奎十六星，天之武庫也。一曰天豕，亦曰封豕。主以兵禁暴，又主溝瀆。西南大星，所謂天豕目，亦曰大將，欲其明。

婁三星，爲天獄，主苑牧犧牲，供給郊祀。

胃三星，天之廚藏，主倉廩，五穀府也，明則和平。

昴七星，天之耳目也，主西方，主獄事。又爲旄頭，胡星也。昴、畢間爲天街，天子出，旄頭罕畢以前驅，此其義也。黃道之所經也。昴明，則天下牢獄平。昴六星皆明，與大星等，大水。七星皆黃，兵大起。一星亡，爲兵喪；搖動，有大臣下獄，及有白衣之會。大而數盡動若跳躍者，胡兵大起。

畢八星，主邊兵，主弋獵。其大星曰天高，一曰邊將，主四夷之尉也。星明大，則遠夷來貢，天下安；失色，則邊兵亂。附耳一星，在畢下，主聽得失，伺愆邪，察不祥。星盛，則中國微，有盜賊，邊候驚，外國反；移動，佞讒行。月入畢，多雨。

觜觿三星，爲三軍之候，行軍之藏府，主葆旅，收斂萬物。明則軍儲盈，將得勢。

參十星，一曰參伐，一曰大辰，一曰天市，一曰鈇鉞，主斬刈。又爲天獄，主殺伐。又主權衡，所以平理也。又主邊城，爲九譯，故不欲其動也。參，白獸之體。其中三星橫列，三將也。東北曰左肩，主左將；西北曰右肩，主右將；東南曰左足，主後將軍；西南曰右足，主偏將軍。故黃帝占參應七將。中央三小星曰伐，天之都尉也，主胡、鮮卑、戎、狄之國，故不欲明。七將皆明大，天下兵精也。王道缺則芒角張。伐星明與參等，大臣皆謀，兵起。參星失色，軍散敗。參芒角動搖，邊候有急，兵起，有斬伐之事。參星移，客伐主。參左足入玉井中，兵大起，秦大水，若有喪，山石爲怪。參星差戾，王臣貳。

南方。東井八星，天之南門，黄道所經，天之亭候，主水衡事，法令所取平也。王者用法平，則井星明而端列。鉞一星，附井之前，主伺淫奢而斬之。故不欲其明，明與井齊，則用鉞於大臣。月宿井，有風雨。

輿鬼五星，天目也，主視，明察姦謀。東北星主積馬，東南星主積兵，西南星主積布帛，西北星主積金玉，隨變占之。中央星爲積尸，主死喪祠祀。一曰鈇鑕，主誅斬。鬼星明，大穀成；不明，百姓散。鑕欲其忽忽不明，明則兵起，大臣誅。

柳八星，天之廚宰也，主尚食，和滋味，又主雷雨。

七星七星，一名天都，主衣裳文繡，又主急兵盜賊。故星明王道昌；闇則賢良不處，天下空。

張六星，主珍寶、宗廟所用及衣服，又主天廚飲食賞賚之事。星明則王者行五禮，得天之中。

翼二十二星，天之樂府，主俳倡戲樂，〔二〇〕又主夷狄遠客、負海之賓。星明大，禮樂興，四夷賓。動則蠻夷使來，離徙則天子舉兵。

軫四星，主冢宰，輔臣也；主車騎，主載任。有軍出入，皆占於軫。又主風，主死喪。軫星明，則車駕備；動則車駕用。轄星傅軫兩傍，主王侯，左轄爲王者同姓，右轄爲異姓。星明，兵大起。遠軫，凶。轄舉，南蠻侵。長沙一星，在軫之中，主壽命。明則主壽長，子孫昌。又曰，車無轄，國有憂；軫就聚，兵大起。

星官在二十八宿之外者

庫樓十星，六大星爲庫，南四星爲樓，在角南。一曰天庫，兵車之府也。旁十五星三三而聚者，柱也。中央四小星，衡也，主陳兵。東北二星曰陽門，主守隘塞也。南門二星，在庫樓南，天之外門也，主守兵。平星二星，在庫樓北，平天下之法獄事，廷尉之象也。天門二星，在平星北。

亢南七星曰折威，主斬殺。頓頑二星，在折威東南，主考囚情狀，察詐僞也。

騎官二十七星，在氐南，若天子武賁，主宿衞。東端一星騎陣將軍，騎將也。南三星車騎，車騎之將也。陣車三星，在騎官東北，革車也。

積卒十二星，在房心南，主爲衞也。他星守之，近臣誅。從官二星，在積卒西北。

龜五星，在尾南，主卜以占吉凶。傅說一星，在尾後。傅說主章祝，巫官也。魚一星，在尾後河中，主陰事，知雲雨之期也。

杵三星，在箕南，杵給庖舂。客星入杵臼，天下有急。糠星在箕舌前杵西北。

鼈十四星，在南斗南。鼈爲水蟲，歸太陰。有星守之，白衣會，主有水令。農丈人一星，在南斗西南，老農主穡也。狗二星，在南斗魁前，主吠守。

天田九星，在牛南。羅堰九星，在牽牛東，岠馬也，以壅蓄水潦，灌溉溝渠也。九坎九星，在牽牛南。坎，溝渠也，所以導達泉源，疏盈瀉溢，通溝洫也。九坎間十星曰天池，一曰三池，一曰天海，主灌溉田疇事。

虛南二星曰哭，哭東二星曰泣，泣、哭皆近墳墓。泣南十三星曰天壘城，如貫索狀，主北夷丁零、匈奴。南二星曰蓋屋，治宮室之官也。其南四星曰虛梁，園陵寢廟之所也。

羽林四十五星，在營室南，一曰天軍，主軍騎，又主翼王也。壘壁陣十二星，在羽林北，羽林之垣壘也，主軍衞爲營壅也。五星有在天軍中者，皆爲兵起，熒惑、太白、辰星尤甚。北落師門一星，在羽林西南。北者，宿在北方也；落，天之藩落也；師，衆也；師門，猶軍門也。長安城北門曰北落門，以象此也。主非常以候兵。有星守之，虜入塞中，兵起。其西北有十星，曰天錢。北落西南一星曰天綱，主武帳。北落東南九星曰八魁，主張禽獸。

天倉六星，在婁南，倉穀所藏也。南四星曰天庾，積廚粟之所也。

天囷十三星，在胃南。囷，倉廩之屬也，主給御糧也。

天廩四星在昴南，一曰天廥，主蓄黍稷以供饗祀，春秋所謂御廩，此之象也。天苑十六星，在昴畢南，天子之苑囿，養獸之所也。苑南十三星曰天園，植果菜之所也。畢附耳南八星曰天節，主使臣之所持者也。天節下九星曰九州殊口，曉方俗之官，通重譯者也。

參旗九星在參西，一曰天旗，一曰天弓，主司弓弩之張，候變禦難。玉井四星，在參左足下，主水漿以給廚。西南九星曰九游，天子之旗也。玉井東南四星曰軍井，行軍之井也。軍井未達，將不言渴，名取此也。軍市十三星在參東南，天軍貿易之市，使有無通也。野雞一星，主變怪，在軍市中。軍市西南二星曰丈人，丈人東二星曰子，子東二星曰孫。

東井西南四星曰水府，主水之官也。東井南垣之東四星曰四瀆，江、河、淮、濟之精也。狼一星，在東井東南。狼爲野將，主侵掠。色有常，不欲動也。北七星曰天狗，主守財。弧九星，在狼東南，天弓也，主備盜賊，常向於狼。弧矢動移不如常者，多盜賊，胡兵大起。狼弧張，害及胡，天下乖亂。又曰，天弓張，天下盡兵。弧南六星爲天社，昔共工氏之子句龍，能平水土，故祀以配社，其精爲星。老人一星，在弧南，一曰南極，常以秋分之旦見于丙，春分之夕而沒于丁。見則治平，主壽昌，常以秋分候之南郊。

柳南六星曰外廚。廚南一星曰天紀，主禽獸之齒。

稷五星，在七星南。稷，農正也，取乎百穀之長以爲號也。

張南十四星曰天廟，天子之祖廟也。客星守之，祠官有憂。

翼南五星曰東區，蠻夷星也。

軫南三十二星曰器府，樂器之府也。青丘七星，在軫東南，蠻夷之國號也。青丘西四星曰土司空，主界域，亦曰司徒。土司空北二星曰軍門，主營候彪尾威旗。

天漢起沒

天漢起東方，經尾箕之間，謂之漢津。乃分爲二道，其南經傅說、魚、天籥、天弁、河鼓，其北經龜，貫箕下，次絡南斗魁、左旗，至天津下而合南道。乃西南行，又分夾匏瓜，絡人星、杵、造父、騰蛇、王良、傅路、閣道北端、太陵、天船、卷舌而南行，絡五車，經北河之南，入東井水位而東南行，絡南河、闕丘、天狗、天紀、天稷，在七星南而沒。

十二次度數

十二次。班固取三統曆十二次配十二野，其言最詳。又有費直說周易、蔡邕月令章句，所言頗有先後。魏太史令陳卓更言郡國所入宿度，〔三〕今附而次之。

自軫十二度至氐四度爲壽星，於辰在辰，鄭之分野，屬兗州。費直周易分野，壽星起軫七度。蔡邕月令章句，壽星起軫六度。

自氐五度至尾九度爲大火，於辰在卯，宋之分野，屬豫州。費直，起氐十一度。蔡邕，起亢八度。

自尾十度至南斗十一度爲析木，於辰在寅，燕之分野，屬幽州。費直，起尾九度。蔡邕，起尾四度。

自南斗十二度至須女七度爲星紀，於辰在丑，吳越之分野，屬揚州。費直，起斗十度。蔡邕，起斗六度。

自須女八度至危十五度爲玄枵，於辰在子，齊之分野，屬青州。費直，起女六度。蔡邕，起女二度。

自危十六度至奎四度爲諏訾，於辰在亥，衞之分野，屬并州。費直，起危十四度。蔡邕，起危十度。

自奎五度至胃六度爲降婁，於辰在戌，魯之分野，屬徐州。費直，起奎二度。蔡邕，起奎八度。

自胃七度至畢十一度爲大梁，於辰在酉，趙之分野，屬冀州。費直，起婁十度。蔡邕，起胃一度。

自畢十二度至東井十五度爲實沈，於辰在申，魏之分野，屬益州。費直，起畢九度。蔡邕，起畢六度。

自東井十六度至柳八度爲鶉首，於辰在未，秦之分野，屬雍州。費直，起井十二度。蔡邕，起井十度。

自柳九度至張十六度爲鶉火，於辰在午，周之分野，屬三河。費直，起柳五度。蔡邕，起柳三度。

自張十七度至軫十一度爲鶉尾，於辰在巳，楚之分野，屬荊州。費直，起張十三度。蔡邕，起張十二度。

州郡躔次

陳卓、范蠡、鬼谷先生、張良、諸葛亮、譙周、京房、張衡並云：

角、亢、氐，鄭，兗州：

東郡入角一度，　東平、任城、山陽入角六度，

泰山入角十二度，　濟北、陳留入亢五度，

濟陰入氐二度，　東平入氐七度。

房、心，宋，豫州：

潁川入房一度，　汝南入房二度，

沛郡入房四度，　梁國入房五度，

淮陽入心一度，　魯國入心三度，
楚國入房四度。

尾、箕，燕，幽州：

涼州入箕中十度，　上谷入尾一度，
漁陽入尾三度，　右北平入尾七度，
西河、上郡、北地、遼西東入尾十度，　涿郡入尾十六度，
渤海入箕一度，　樂浪入箕三度，
玄菟入箕六度，　廣陽入箕九度。

斗、牽牛、須女，吳、越，揚州：

九江入斗一度，　廬江入斗六度，
豫章入斗十度，　丹楊入斗十六度，
會稽入牛一度，　臨淮入牛四度，
廣陵入牛八度，　泗水入女一度，
六安入女六度。

虛、危，齊，青州：

齊國入虛六度，北海入虛九度，
濟南入危一度，樂安入危四度，
東萊入危九度，平原入危十一度，
菑川入危十四度。

營室、東壁，衞，并州：

安定入營室一度，天水入營室八度，
隴西入營室四度，酒泉入營室十一度，
張掖入營室十二度，武都入東壁一度，
金城入東壁四度，武威入東壁六度，
敦煌入東壁八度。

奎、婁、胃，魯，徐州：

東海入奎一度，琅邪入奎六度，
高密入婁一度，城陽入婁九度，
膠東入胃一度。

昴、畢，趙，冀州：

魏郡入昴一度，鉅鹿入昴三度，
常山入昴五度，廣平入昴七度，
中山入昴一度，清河入昴九度，
信都入畢三度，趙郡入畢八度，
安平入畢四度，河間入畢十度，
眞定入畢十三度。

觜、參，魏，益州：

廣漢入觜一度，越巂入觜三度，
蜀郡入參一度，犍爲入參三度，
牂柯入參五度，巴郡入參八度，
漢中入參九度，益州入參七度。

東井、輿鬼，秦，雍州：

雲中入東井一度，定襄入東井八度，
鴈門入東井十六度，代郡入東井二十八度，
太原入東井二十九度，上黨入輿鬼二度。

柳、七星、張，周，三輔：

弘農入柳一度，河南入七星三度，

河東入張一度，河內入張九度。

翼、軫，楚，荊州：

南陽入翼六度，南郡入翼十度，

江夏入翼十二度，零陵入軫十一度，

桂陽入軫六度，武陵入軫十度，

長沙入軫十六度。

校勘記

〔一〕天文經星中宮二十八舍　周校：「天文經星」「二十八舍」二子目中間宜補「中宮」二字。今據補。

〔二〕宣夜之書亡　「亡」原作「云」。斠注：此文本抱朴子，「云」爲「亡」之誤。按：今本抱朴子佚，此文見御覽二引，今據改。

〔三〕故斗去人遠　「故」原作「而」。御覽二引昕天論作「故」，與上文「故日去人遠」句法一律，今據改。

〔四〕極之高時　「高」原作「立」，御覽二引作「高」，與下文「低」爲對文，今據改。

〔五〕天去地下故晝短也　「故」上原有「淺」字，乃衍文，今據隋書天文志在本志校記中以後簡稱隋志上及御覽二引文改。

〔六〕夜行於平地　「夜」下各本有一「半」字，宋本無，與論衡說日合，隋志上亦無「半」字，今從之。

〔七〕然精於陰陽者少　各本原脫「少」字，今據隋志上補。

〔八〕若謂天磨右轉者日之出入亦然　隋志上無「日之出入亦然」六字，疑此六字涉上文衍。

〔九〕其比入之間　「比」原作「北」，今據隋志上改。

〔一〇〕顧當言日精生火者可耳　「日」下原有「陽」字。拾補：「陽」字衍。按：隋志上無「陽」字，下文「此日精之生火明矣」句亦無「陽」字，今據刪。

〔一一〕是也日最南　依文義，應作「是日日最南」。下文「是日最北」亦宜作「是日日最北」。

〔一二〕天徑三十二萬九千四百一里　考異：周天一百七萬一千里，以徑四十五周百四十二之率約之，當云三十三萬九千四百一里。

〔一三〕可以分陰陽而配節候　拾補：隋志「配作紀」。斠注：御覽六引天文錄亦作「紀」。

〔一四〕宮門左星內二星曰大理　考證：「左」下「星」疑衍。

〔一五〕南第一星曰上相　原無「星」字　隋志上亦無。但通鑑一六胡注引有「星」字，依下文「第二星」「第三星」「南第一星曰上將」諸例，當有「星」字，今據補。

〔一六〕諸侯謀天子也　原無「天子也」三字。拾補：「天子也」三字脫。按：隋志上有，今據補。

〔一七〕主治萬事　原無「主」字。拾補：「主」字脫。按：隋志上有，今據補。

〔一八〕若移在馬後　「在」下原有「王良前居」四字。拾補：四字衍。今據隋志上刪。

〔一九〕一曰天高天之闕門也　「高」下原無「天」字。拾補：「高」下脫「天」字。今據隋志上補。

〔二〇〕天之樂府主俳倡戲樂　拾補：「府」下脫「主」字，「倡」下脫「戲樂」二字。按：隋志中有，今據補。

〔二一〕魏太史令陳卓　校文：上既言武帝時太史令陳卓，此不應更云「魏」，當爲「晉」之訛。

晉書卷十二

志第二

天文中

七曜　雜星氣　瑞星　妖星　客星　流星　雲氣　十煇　雜氣　史傳事驗　天變　日蝕　月變　月奄犯五緯　五星聚舍〔一〕

七曜

日爲太陽之精，主生養恩德，人君之象也。人君有瑕，必露其慝以告示焉。故日月行有道之國則光明，人君吉昌，百姓安寧。人君乘土而王，其政太平，則日五色無主。日變色，有軍，軍破；無軍，喪侯王。其君無德，其臣亂國，則日赤無光。日失色，所臨之國不昌。日晝昏，行人無影，到暮不止者，上刑急，下不聊生，不出一年有大水。日晝昏，烏鳥羣鳴，國失政。日中烏見，主不明，爲政亂，國有白衣會，將軍出，旌旗舉。日中有黑子、黑氣、黑雲，乍三乍五，臣廢其主。日蝕，陰侵陽，臣掩君之象，有亡國。

月爲太陰之精，以之配日，女主之象；以之比德，刑罰之義；列之朝廷，諸侯大臣之類。故君明，則月行依度；臣執權，則月行失道；大臣用事，兵刑失理，則月行乍南乍北；女主外戚擅權，則或進或退。月變色，將有殃。月晝明，姦邪並作，君臣爭明，女主失行，陰國兵强，中國饑，天下謀僭。數月重見，國以亂亡。

歲星曰東方春木，於人，五常，仁也；五事，貌也。仁虧貌失，逆春令，傷木氣，則罰見歲星。歲星盈縮，以其舍命國。其所居久，其國有德厚，五穀豐昌，不可伐。其對爲衝，歲乃有殃。歲星安靜中度，吉。盈縮失次，其國有憂，不可舉事用兵。又曰，人主之象也，色欲明，光色潤澤，德合同。又曰，進退如度，姦邪息；變色亂行，主無福。又主福，主大司農，主齊吳，主司天下諸侯人君之過，主歲五穀。赤而角，其國昌；赤黃而沈，其野大穰。

熒惑曰南方夏火，禮也，視也。禮虧視失，逆夏令，傷火氣，罰見熒惑。熒惑法使行無常，出則有兵，入則兵散。以舍命國，爲亂爲賊，爲疾爲喪，爲饑爲兵，所居國受殃。環繞鉤己，芒角動搖，變色，乍前乍後，乍左乍右，其爲殃愈甚。其南丈夫、北女子喪。周旋止息，乃爲死喪；寇亂其野，亡地。其失行而速，兵聚其下，順之戰勝。又曰，熒惑主大鴻臚，主死喪，主司空。又爲司馬，主楚吳越以南；又司天下羣臣之過，司驕奢亡亂妖孽，主歲成敗。

又曰，熒惑不動，兵不戰，有誅將。其出色赤怒，逆行成鉤已，戰凶，有圍軍；鉤已，有芒角如鋒刃，人主無出宮，下有伏兵；芒大則人衆怒。又爲理，外則理兵，內則理政，爲天子之理也。故曰，雖有明天子，必視熒惑所在。其入守犯太微、軒轅、營室、房、心，主命惡之。

塡星曰中央季夏土，信也，思心也。仁義禮智，以信爲主，貌言視聽，以心爲正，故四星皆失，塡乃爲之動。動而盈，侯王不寧。縮，有軍不復。所居之宿，國吉，得地及女子，有福，不可伐；去之，失地，若有女憂。居宿久，國福厚；易則薄。失次而上二三宿曰盈，有主命不成，不乃大水。失次而下曰縮，后戚，其歲不復，不乃天裂若地動。一曰，塡爲黃帝之德，女主之象，主德厚安危存亡之機，司天下女主之過。又曰，天子之星也。天子失信，則塡星大動。

太白曰西方秋金，義也，言也。義虧言失，逆秋令，傷金氣，罰見太白。太白進退以候兵，高埤遲速，靜躁見伏，用兵皆象之，吉。其出西方，失行，夷狄敗；出東方，失行，中國敗。未盡期日，過參天，病其對國。若經天，天下革，民更王，是謂亂紀，人衆流亡。晝見，與日爭明，强國弱，小國强，女主昌。又曰，太白主大臣，其號上公也，大司馬位謹候此。

辰星曰北方冬水，智也，聽也。智虧聽失，逆冬令，傷水氣，罰見辰星。辰星見，則主刑，主廷尉，主燕趙，又爲燕、趙、代以北；宰相之象。〔三〕亦爲殺伐之氣，戰鬬之象。又曰，軍於野，辰星爲偏將之象，無軍爲刑事。和陰陽，應效不效，其時不和。出失其時，寒暑失其節，邦當大饑。當出不出，是謂擊卒，兵大起。在於房心間，地動。亦曰，辰星出入躁疾，常主夷狄。又曰，蠻夷之星也，亦主刑法之得失。色黃而小，地大動。光明與月相逮，其國大水。

凡五星有色，大小不同，各依其行而順時應節。色變有類，凡青皆比參左肩，赤比心大星，黃比參右肩，白比狼星，黑比奎大星。不失本色而應其四時者，吉；色害其行，凶。

凡五星所出所行所直之辰，其國爲得位。得位者，歲星以德，熒惑有禮，塡星有福，太白兵强，辰星陰陽和。所行所直之辰，順其色而有角者勝，其色害者敗。居實，有德也；居虛，無德也。色勝位，行勝色，行得盡勝之。營室爲淸廟，歲星廟也。心爲明堂，熒惑廟也。南斗爲文太室，塡星廟也。亢爲疏廟，太白廟也。七星爲員宮，辰星廟也。五星行至其廟，謹候其命。

凡五星盈縮失位，其精降于地爲人。歲星降爲貴臣；熒惑降爲童兒，歌謠嬉戲；塡星降爲老人婦女；太白降爲壯夫，處於林麓；辰星降爲婦人。吉凶之應，隨其象告。

凡五星，木與土合，爲內亂，饑；與水合，爲變謀而更事；與火合，爲饑，爲旱；與金合，爲白衣之會，合鬬，國有內亂，野有破軍，爲水。太白在南，歲星在北，名曰牝牡，年穀大熟。

太白在北，歲星在南，年或有或無。火與金合，爲爍，爲喪，不可舉事用兵。從軍，爲軍憂；離之，軍却。出太白陰，分宅；出其陽，偏將戰。與土合，爲憂，主孽卿。與水合，爲北軍，用兵舉事大敗。一曰，火與水合，爲焠，不可舉事用兵。土與水合，爲壅沮，不可舉事用兵，有覆軍下師。一曰，爲變謀更事，必爲旱。與金合，爲疾，爲白衣會，爲內兵，國亡地。與木合，國饑。水與金合，爲變謀，爲兵憂。入太白中而上出，破軍殺將，客勝；下出，客亡地。視旗所指，以命破軍。環繞太白，若與鬬，大戰，客勝。凡木、火、土、金與水鬬，皆爲戰。兵不在外，皆爲內亂。凡同舍爲合，相陵爲鬬。二星相近，其殃大；相遠，毋傷，七寸以內必之。

凡月蝕五星，其國皆亡。歲以饑，熒惑以亂，塡以殺，太白以强國戰，辰以女亂。

凡五星入月，歲，其野有逐相；太白，將僇。

凡五星所聚，其國王，天下從。歲以義從，熒惑以禮從，塡以重從，太白以兵從，辰以法從，各以其事致天下也。三星若合，是謂驚立絕行，其國外內有兵與喪，百姓饑乏，改立侯王。四星若合，是謂大陽，其國兵喪並起，君子憂，小人流。五星若合，是謂易行，有德承慶，改立王者，奄有四方，子孫蕃昌；亡德受殃，離其國家，滅其宗廟，百姓離去，被滿四方。五星皆大，其事亦大；皆小，事亦小。

凡五星色，皆圜，白爲喪，爲旱；赤中不平，爲兵；青爲憂，爲水；黑爲疾疫，爲多死；黄爲吉。皆角，赤，犯我城；黄，地之爭；白，哭泣聲；青，有兵憂；黑，有水。五星同色，天下偃兵，百姓安寧，歌舞以行，不見災疾，五穀蕃昌。

凡五星，歲，政緩則不行，急則過分，逆則占。熒惑，緩則不出，急則不入，違道則占。塡，緩則不還，急則過舍，逆則占。太白，緩則不出，急則不入，逆則占。辰，緩則不出，急則不入，非時則占。五星不失行，則年穀豐昌。

凡五星分天之中，積于東方，中國利；積于西方，外國用兵者利。辰星不出，太白爲客；其出，太白爲主。出而與太白不相從，及各出一方，爲格，野雖有軍，不戰。

凡五星見伏、留行、逆順、遲速應曆度者，爲得其行，政合于常；違曆錯度，而失路盈縮者，爲亂行。亂行則爲天矢彗孛，而有亡國革政，兵饑喪亂之禍云。

雜星氣

圖緯舊說，及漢末劉表爲荆州牧，命武陵太守劉叡集天文衆占，名荆州占。其雜星之體，有瑞星，有妖星，有客星，有流星，有瑞氣，有妖氣，有日月傍氣，皆略其名狀，舉其占驗，次之於此云。

瑞星

一曰景星，如半月，生於晦朔，助月爲明。或曰，星大而中空。或曰，有三星，在赤方氣，與青方氣相連，黄星在赤方氣中，亦名德星。

二曰周伯星，黄色，煌煌然，所見之國大昌。

三曰含譽，光耀似彗，喜則含譽射。

四曰格澤，如炎火，下大上兌，色黄白，起地而上。見則不種而穫，有土功，有大客。

妖星

一曰彗星，所謂掃星。本類星，末類彗，小者數寸，長或竟天。見則兵起，大水。主掃除，除舊布新。有五色，各依五行本精所主。史臣案，彗體無光，傅日而爲光，故夕見則東指，晨見則西指。在日南北，皆隨日光而指。頓挫其芒，或長或短，光芒所及則爲災。

二曰孛星，彗之屬也。偏指曰彗，芒氣四出曰孛。孛者，孛孛然非常，惡氣之所生也。內不有大亂，則外有大兵，天下合謀，闇蔽不明，有所傷害。晏子曰：「君若不改，孛星將出，彗星何懼乎！」由是言之，災甚於彗。

三曰天棓，一名覺星。本類星，末銳，長四丈。或出東北方西方，主奮爭。

四曰天槍。其出不過三月，必有破國亂君，伏死其辜。殃之不盡，當爲旱飢暴疾。

五曰天欃。石氏曰，雲如牛狀。甘氏，本類星，末銳。巫咸曰，彗星出西方，長可二三丈，主捕制。

六曰蚩尤旗，類彗而後曲，象旗。或曰，赤雲獨見。或曰，其色黃上白下。或曰，若植雚而長，名曰蚩尤之旗。或曰，如箕，可長二丈，末有星。主伐枉逆，主惑亂，所見之方下有兵，兵大起；不然，有喪。

七曰天衝，出如人，蒼衣赤頭，不動。見則臣謀主，武卒發，天子亡。

八曰國皇，大而赤，類南極老人星。或曰，去地一二丈，如炬火，主內寇內難。或曰，其下起兵，兵强。或曰，外內有兵喪。

九曰昭明，象如太白，光芒，不行。或曰，大而白，無角，〔三〕乍上乍下。一曰，赤彗分爲昭明，昭明滅光，以爲起霸起德之徵，所起國兵多變。一曰，大人凶，兵大起。

十曰司危，如太白，有目。或曰，出正西，西方之野星，去地可六丈，大而白。或曰，大而有毛，兩角。或曰，類太白，數動，察之而赤，爲乖爭之徵，主擊强兵。見則主失法，豪傑起，天子以不義失國，有聲之臣行主德。

十一曰天讒，彗出西北，狀如劍，長四五丈。或曰，如鉤，長四丈。或曰，狀白小，數動，主殺罰。出則其國內亂，其下相讒，爲飢兵，赤地千里，枯骨藉藉。

十二曰五殘，一名五鏠，出正東，東方之星。狀類辰，可去地六七丈。或曰，蒼彗散爲五殘，如辰星，出角。或曰，星表有氣如暈，有毛。或曰，大而赤，數動，察之而青。主乖亡；爲五分，毁敗之徵，亦爲備急兵。見則主誅，政在伯，野亂成，有急兵，有喪，不利衝。

十三曰六賊，見出正南，南方之星。去地可六丈，大而赤，動有光。或曰，形如彗。五殘、六賊出，禍合天下，逆侵闔樞；其下有兵，衝不利。

十四曰獄漢，一名咸漢，出正北，北方之野星，去地可六丈，大而赤，數動，察之中青。或曰，赤表，下有三彗從横。主逐王，主刺王。出則陰精横，兵起其下。又爲喪，動則諸侯驚。

十五曰旬始，出北斗旁，如雄雞。其怒，有青黑，象伏鼈。或曰，怒，雌也，主爭兵。又曰，黄彗分爲旬始，爲立主之題，主亂，主招横。見則臣亂兵作，諸侯虐，期十年，聖人起伐，〔四〕羣猾横恣。或曰，出則諸侯雄鳴。

十六曰天鋒，彗象矛鋒。天下從横，則天鋒星見。

十七曰燭星，如太白。其出也不行，見則不久而滅。或曰，主星上有三彗上出，所出城邑亂，有大盜不成，又以五色占。

十八曰蓬星，大如二斗器，色白，一名王星。狀如夜火之光，多至四五，少一二。一曰，蓬星在西南，長數丈，左右兌。出而易處。星見，不出三年，有亂臣戮死。又曰，所出大水大旱，五穀不收，人相食。

十九曰長庚，如一匹布著天。見則兵起。

二十曰四塡，星出四隅，去地六丈餘，或曰可四丈。或曰，星大而赤，去地二丈，常以夜半時出。見，十月而兵起，皆爲兵起其下。

二十一曰地維藏光，出四隅。或曰，大而赤，去地二三丈，如月始出。見則下有亂，亂者亡，有德者昌。

河圖云：

歲星之精，流爲天棓、天槍、天猾、天衝、國皇、反登、〔五〕蒼彗。

熒惑散爲昭旦、蚩尤之旗、昭明、司危、天欃、赤彗。

塡星散爲五殘、獄漢、大賁、昭星、絀流、句始、蚩尤、虹蜺、擊咎、黃彗。

太白散爲天杵、天柎、伏靈、大敗、司姦、天狗、天殘、卒起、白彗。

辰星散爲枉矢、破女、拂樞、滅寶、繞綖、驚理、大奮祀、黑彗。

五色之彗，各有長短，曲折應象。

漢京房著風角書有集星章，所載妖星皆見於月旁，互有五色方雲，以五寅日見，各有五星所生云：

天槍、天根、天荆、眞若、天㯳、天樓、天垣，皆歲星所生也。見以甲寅，其星咸有兩青方在其旁。

天陰、晉若、官張、天惑、天崔、赤若、蚩尤，皆熒惑之所生也。出在丙寅日，有兩赤方在其旁。

天上、天伐、從星、天樞、天翟、天沸、荆彗，皆塡星所生也。出在戊寅日，有兩黃方在其旁。

若星、帚星、若彗、竹彗、牆星、㯳星、白雚，皆太白之所生也。出在庚寅日，有兩白方在其旁。

天美、天㲘、天杜、天麻、天林、天蒿、端下，皆辰星之所生也。出以壬寅日，有兩黑方在其旁。

已前三十五星，卽五行氣所生，皆出於月左右方氣之中，各以其所生星將出不出日數期候之。當其未出之前而見，見則有水旱，兵喪，饑亂；所指亡國，失地，王死，破軍，殺將。

客星

張衡曰：「老子四星及周伯、王蓬絮、芮各一，錯乎五緯之間。其見無期，其行無度。」荆州占云：「老子星色淳白，然所見之國，爲饑爲凶，爲善爲惡，爲喜爲怒。周伯星黄色煌煌，所至之國大昌。蓬絮星色青而熒熒然，所至之國風雨不節，焦旱，物不生，五穀不登，多蝗蟲。」又云：「東南有三星出，名曰盜星，出則天下有大盜。西南有三大星出，名曰種陵，出則天下穀貴十倍。西北三大星出而白，名曰天狗，〔六〕出則人相食，大凶。東北有三大星出，名曰女帛，見則有大喪。」

流星

流星，天使也。自上而降曰流，自下而升曰飛。大者曰奔，奔亦流星也。星大者使大，星小者使小。聲隆隆者，怒之象也。行疾者期速，行遲者期遲。大而無光者，衆人之事；小而有光者，貴人之事；大而光者，其人貴且衆也。乍明乍滅者，賊成賊敗也。〔七〕前大後小者，恐憂也；前小後大者，喜事也。蛇行者，姦事也；往疾者，往而不反也。長者，其事長久也；短者，事疾也。奔星所墜，其下有兵。無風雲，有流星見，良久間乃入，爲大風，發屋折木。小流星百數四面行者，衆庶流移之象。

流星之類，有音如炬火下地，野雉鳴，天保也；所墜國安，有喜。若小流星色青赤，名曰地雁，其所墜者起兵。流星有光青赤，長二三丈，名曰天雁，軍中之精華也；其國起兵，將軍當從星所之。流星暉然有光，光白，長竟天者，人主之星也；主相、將軍從星所之。

飛星大如缶若甕，後皎然白，前卑後高，此謂頓頑，其所從者多死亡。飛星大如缶若甕，後皎然白，星滅後，白者曲環如車輪，此謂解衔，其國人相斬爲爵祿。飛星大如缶若甕，其後皎然白，長數丈，星滅後，白者化爲雲流下，名曰大滑，所下有流血積骨。

枉矢，類流星，色蒼黑，蛇行，望之如有毛，目長數匹，著天，主反萌，主射愚。見則謀反之兵合射所誅，亦爲以亂伐亂。

天狗，狀如大奔星，色黃，有聲，其止地，類狗。所墜，望之如火光，炎炎衝天，其上銳，其下員，如數頃田處。或曰，星有毛，旁有短彗，下有狗形者。或曰，星出，其狀赤白有光，下卽爲天狗。一曰，流星有光，見人面，墜無音，若有足者，名曰天狗。其色白，其中黃，黃如遺火狀。主候兵討賊。見則四方相射，千里破軍殺將。或曰，五將鬬，人相食，所往之鄉有流血。其君失地，兵大起，國易政，戒守禦。

營頭，有雲如壞山墮，所謂營頭之星。所墮，其下覆軍，流血千里。亦曰流星晝隕名營頭。

雲氣

瑞氣：一曰慶雲。若煙非煙，若雲非雲，郁郁紛紛，蕭索輪囷，是謂慶雲，亦曰景雲。此喜氣也，太平之應。二曰歸邪。如星非星，如雲非雲。或曰，星有兩赤彗上向，有蓋，下連星。見，必有歸國者。三曰昌光，赤，如龍狀；聖人起，帝受終，則見。

妖氣：一曰虹蜺，日旁氣也，斗之亂精。主惑心，主內淫，主臣謀君，天子詘，后妃顓，妻不一。二曰牂雲，如狗，赤色，長尾；爲亂君，爲兵喪。

十煇

周禮，眡祲氏掌十煇之法，以觀妖祥，辨吉凶。一曰祲，謂陰陽五色之氣，浸淫相侵。或曰，抱珥背璚之屬，如虹而短是也。二曰象，謂雲氣成形，象如赤烏，夾日以飛之類是也。三曰鑴，日傍氣，刺日，形如童子所佩之鑴。四曰監，謂雲氣臨在日上也。五曰闇，謂日月蝕，或曰脫光也。六曰瞢，謂瞢瞢不光明也。七曰彌，謂白虹彌天而貫日也。八曰序，謂氣若山而在日上。或曰，冠珥背璚，重疊次序，在于日旁也。九曰隮，謂暈氣也。或曰，虹也，詩所謂「朝隮于西」者也。十曰想，謂氣五色有形想也，青饑，赤兵，白喪，黑憂，黃熟。或曰，想，思也，赤氣爲人狩之形，可思而知其吉凶也。

凡遊氣蔽天，日月失色，皆是風雨之候也。沈陰，日月俱無光，晝不見日，夜不見星，有雲障之，兩敵相當，陰相圖議也。日濛濛無光，士卒內亂。又曰，數日俱出，若鬬，天下兵起，大戰。日鬬，下有拔城。日戴者，形如直狀，其上微起，在日上爲戴。戴者，德也，國有喜也。一云，立日上爲戴。青赤氣抱在日上，小者爲冠，國有喜事。青赤氣小而交於日下爲纓，青赤氣小而員，一二在日下左右者爲紐。青赤氣如小半暈狀，在日上爲負，負者得地爲喜。又曰，青赤氣長而斜倚日旁爲戟。青赤氣員而小，在日左右爲珥，黄白者有喜。又曰，有軍，日有一珥爲喜。在日西，西軍戰勝。在日東，東軍戰勝。南北亦如之。無軍而珥，爲拜將。又日旁如半環，向日爲抱。青赤氣如月初生，背日者爲背。又曰，背氣青赤而曲，外向爲叛象，分爲反城。璚者如帶，璚在日四方。青赤氣長而立日旁爲直，日旁有一直，敵在一旁欲自立，從直所擊者勝。日旁有二直三抱，欲自立者不成，順抱擊者勝，殺將。氣形三角，在日四方爲提，青赤氣横在日上下爲格。氣如半暈，在日下爲承。承者，臣承君也。又曰，日下有黄氣三重若抱，名曰承福，人主有吉喜，且得地。青白氣如履，在日下者爲履。日旁抱五重，戰順抱者勝。日一抱一背，爲破走。抱者，順氣也；背者，逆氣也。兩軍相當，順抱擊逆者勝，故曰破走。日抱且兩珥，一虹貫抱至日，〔八〕順虹擊者勝，殺將。日抱兩珥且璚，二虹貫抱至日，順虹擊者勝。日重抱，內有璚，順抱擊者勝。亦曰，軍內有欲反者。日重抱，左右二珥，有白虹貫抱，順抱擊勝，得二將。有三虹，得三將。日抱黄白潤澤，內赤外青，天子有喜，有和親來降者；軍不戰，敵降，軍罷。色青黄，將喜；赤，將兵爭；白，將有喪；黑，將死。日重抱且背，順抱擊者勝，得地，若有罷師。日重抱，抱內外有璚，兩珥，順抱擊者勝，破軍，軍中不和，不相信。日旁有氣，員而周帀，內赤外青，名爲暈。日暈者，軍營之象。周環帀日，無厚薄，敵與軍勢齊等。若無軍在外，天子失御，民多叛。日暈有五色，有喜；不得五色者有憂。

凡占，兩軍相當，必謹審日月暈氣，知其所起，留止遠近，應與不應，疾遲，大小，厚薄，長短，抱背爲多少，有無，虛實，久亟，密疎，澤枯。相應等者勢等。近勝遠，疾勝遲，大勝小，厚勝薄，長勝短，抱勝背，多勝少，有勝無，實勝虛，久勝亟，密勝疎，澤勝枯。重背，大破；重抱爲和親；抱多，親者益多。背爲天下不和、分離相去，背於內者離於內，背於外者離於外也。

雜氣

天子氣，內赤外黃，四方所發之處當有王者。若天子欲有遊往處，其地亦先發此氣。或如城門隱隱在氣霧中，恒帶殺氣森森然。或如華蓋在氣霧中，或氣象青衣人無手，在日西，或如龍馬，或雜色鬱鬱衝天者，此皆帝王氣。

猛將之氣，如龍，如猛獸；或如火煙之狀；或白如粉沸；或如火光之狀，夜照人；或白而赤氣繞之，或如山林竹木，或紫黑如門上樓；或上黑下赤，狀似黑旌；或如張弩；或如埃塵，頭銳而卑，本大而高。此皆猛將之氣也。氣發漸漸如雲，變作山形，將有深謀。

凡軍勝之氣，如堤如坂，前後磨地。或如火光；將軍勇，士卒猛。或如山堤，山上若林木；將士驍勇。或如埃塵粉沸，其色黄白；或如人持斧向敵；或如蛇擧首向敵；或氣如覆舟，雲如牽牛；或有雲如鬭雞，赤白相隨，在氣中；或發黄氣，皆將士精勇。

凡氣上黄下白，名曰善氣；所臨之軍，敵欲求和退。

凡負氣，如馬肝色，或如死灰色；或類偃蓋，或類偃魚；或黑氣如壞山墜軍上者，名曰營頭之氣；或如羣羊羣猪，在氣中。此衰氣也。或如懸衣，如人相隨；或紛紛如轉蓬，或如揚灰；或雲如卷席，如匹布亂穰者，皆爲敗徵。氣如繫牛，如人臥，如雙蛇，如飛鳥，如決堤垣，如壞屋，如驚鹿相逐，如兩雞相向，此皆爲敗軍之氣。

凡降人氣，如人十十五五，皆叉手低頭；又云，如人叉手相向。或氣如黑山，以黄爲緣者，皆欲降伏之象也。

凡堅城之上，有黑雲如星，名曰軍精。或白氣如旌旗，或青雲黄雲臨城，皆有大喜慶。或氣青色如牛頭觸人，或城上氣如煙火，如雙蛇，如杵形向外，或有雲分爲兩彗狀者，皆不可攻。

凡屠城之氣，或赤如飛鳥，或赤氣如敗車，或有赤黑氣如貍皮斑，或城中氣聚如樓，出見於外；營上有雲如衆人頭，赤色，其城營皆可屠。氣如雄雉臨城，其下必有降者。

凡伏兵有黑氣，渾渾員長，赤氣在其中；或白氣粉沸，起如樓狀；或如幢節狀，在烏雲中；或如赤杵在烏雲中，或如烏人在赤雲中。

凡暴兵氣，白，如瓜蔓連結，部隊相逐，須臾罷而復出；或白氣如仙人，如仙人衣，千萬連結，部隊相逐，罷而復興，當有千里兵來。或氣如人持刀楯，雲如人，色赤，所臨城邑有卒兵至。或赤氣如人持節，兵來未息。雲如方虹。此皆有暴兵之象。

凡戰氣，青白如膏；如人無頭；如死人臥；如丹蛇，赤氣隨之，必大戰，殺將。四望無雲，見赤氣如狗入營，其下有流血。

凡連陰十日，晝不見日，夜不見月，亂風四起，欲雨而無雨，名曰蒙，臣有謀。霧氣若晝若夜，其色青黃，更相奄冒，乍合乍散，亦然。視四方常有大雲五色具者，其下賢人隱也。青雲潤澤蔽日，在西北，爲舉賢良。雲氣如亂穰，大風將至，視所從來。〔九〕雲甚潤而厚，大雨必暴至。四始之日，有黑雲氣如陣，厚大重者，多雨。氣若霧非霧，衣冠不濡，見則其城帶甲而趣。日出沒時有霧雲横截之，白者喪，烏者驚，三日内雨者各解。有雲如蛟龍，所見處將軍失魄。有雲如鵠尾來蔭國上，三日亡。有雲赤黄色四塞，終日竟夜照地者，大臣縱恣。有雲如氣，昧而濁，賢人去，小人在位。

凡白虹者，百殃之本，衆亂所基。霧者，衆邪之氣，陰來冒陽。

凡白虹霧，姦臣謀君，擅權立威。晝霧夜明，臣志得申。凡夜霧白虹見，臣有憂；晝霧白虹見，君有憂。虹頭尾至地，流血之象。凡霧氣不順四時，逆相交錯，微風小雨，爲陰陽氣亂之象。積日不解，晝夜昏闇，天下欲分離。

凡天地四方昏濛若下塵，十日五日已上，或一月，或一時，雨不沾衣而有土，名曰霾。故曰，天地霾，君臣乖。

凡海旁蜃氣象樓臺，廣野氣成宮闕，北夷之氣如牛羊羣畜穹廬，南夷之氣類舟船幡旗。自華以南，氣下黑上赤；嵩高、三河之郊，氣正赤；恒山之北，氣青；勃碣海岱之間，氣皆正黑；江淮之間，氣皆白；東海氣如員簦；附漢河水，氣如引布；江漢氣勁如杼；濟水氣如黑豘；渭水氣如狠白尾，淮南氣如白羊，少室氣如白兎青尾，恒山氣如黑牛青尾。東夷氣如樹，西夷氣如室屋，南夷氣如闍臺，或類舟船。

陣雲如立垣。杼軸雲類軸，摶，兩端兌。杓雲如繩，居前亘天，其半半天；其蛪者類闕旗故。鉤雲句曲。諸此雲見，以五色占。而澤摶密，其見動人，乃有兵必起，〔一〇〕合鬭其直。雲氣如三匹帛，廣前兌後，大軍行氣也。

韓雲如布，趙雲如牛，楚雲如日，宋雲如車，魯雲如馬，衞雲如犬，周雲如車輪，秦雲如行人，魏雲如鼠，鄭雲如絳衣，越雲如龍，蜀雲如囷。

車氣乍高乍下，往往而聚。騎氣卑而布。卒氣摶。前卑後高者，疾。前方而高後銳而卑者，却。其氣平者其行徐。前高後卑者，不止而返。校騎之氣，正蒼黑，長數百丈。遊兵之氣如彗掃，一云長數百丈，無根本。喜氣上黃下赤，怒氣上下赤，憂氣上下黑。土功氣黃白。徙氣白。

凡候氣之法，氣初出時，若雲非雲，若霧非霧，髣髴若可見。初出森森然，在桑榆上，高五六尺者，是千五百里外。平視則千里，舉目望即五百里；仰瞻中天，卽百里內。平望，桑榆間二千里；登高而望，下屬地者，三千里。敵在東，日出候之；在南，日中候之；在西，日入候之；在北，夜半候之。軍上氣，高勝下，厚勝薄，實勝虛，長勝短，澤勝枯。氣見以知大，占期內有大風雨，久陰，則災不成。

史傳事驗

天變

惠帝元康二年二月，天西北大裂。案劉向說：「天裂，陽不足；地動，陰有餘。」是時人主昏瞀，妃后專制。

太安二年八月庚午，〔二〕天中裂爲二，有聲如雷者三。君道虧而臣下專僭之象也。是日，〔三〕長沙王奉帝出距成都、河間二王，後成都、河間、東海又迭專威命，是其應也。

穆帝升平五年八月己卯夜，天中裂，廣三四丈，有聲如雷，野雉皆鳴。是後哀帝荒疾，海西失德，皇太后臨朝，太宗總萬機，桓溫專權，威振內外，陰氣盛，陽氣微。

元帝太興二年八月戊戌，天鳴東南，有聲如風水相薄。京房易妖占曰：「天有聲，人主憂。」三年十月壬辰，天又鳴，甲午止。其後王敦入石頭，王師敗績。元帝屈辱，制於强臣，既而晏駕，大恥不雪。

安帝隆安五年閏月癸丑，天東南鳴。六年九月戊子，天東南又鳴。是後桓玄篡位，安帝播越，憂莫大焉。鳴每東南者，蓋中興江外，天隨之而鳴也。

義熙元年八月，天鳴，在東南。京房易傳曰：「萬姓勞，厥妖天鳴。」是時安帝雖反正，而兵革歲動，衆庶勤勞也。

日蝕

魏文帝黃初二年六月戊辰晦，日有蝕之。有司奏免太尉，詔曰：「災異之作，以譴元首，而歸過股肱，豈禹湯罪己之義乎！其令百官各虔厥職。後有天地眚，勿復劾三公。」三年正月丙寅朔，日有蝕之。十一月庚申晦，又日有蝕之。五年十一月戊申晦，日有蝕之。

明帝太和初，太史令許芝奏，日應蝕，與太尉於靈臺祈禳。帝曰：「蓋聞人主政有不德，則天懼之以災異，所以譴告，使得自修也。故日月薄蝕，明治道有不當者。朕即位以來，既不能光明先帝聖德，而施化有不合於皇神，故上天有以寤之。宜敕政自修，有以報於神明。天之於人，猶父之於子，未有父欲責其子，而可獻盛饌以求免也。今外欲遣上公與太史令俱禳祠之，於義未聞也。羣公卿士大夫，其各勉修厥職。有可以補朕不逮者，各封上之。」

太和五年十一月戊戌晦，日有蝕之。　六年正月戊辰朔，日有蝕之。見吳曆。

青龍元年閏月庚寅朔，日有蝕之。

少帝正始元年七月戊申朔，日有蝕之。　三年四月戊戌朔，日有蝕之。　四年五月丁丑朔，〔一三〕日有蝕之。　五年四月丙辰朔，日有蝕之。　六年四月壬子朔，〔一四〕日有蝕之。十月戊申朔，又日有蝕之。　八年二月庚午朔，日有蝕之。是時曹爽專政，丁謐、鄧颺等轉改法度。會有日蝕之變，詔羣臣問得失。蔣濟上疏曰：「昔大舜佐治，戒在比周。周公輔政，慎於其朋。齊侯問災，晏子對以布惠；魯君問異，臧孫答以緩役。塞變應天，乃實人事。」濟旨譬甚切，而君臣不悟，終至敗亡。　九年正月乙未朔，日有蝕之。

嘉平元年二月己未朔，日有蝕之。

高貴鄉公甘露四年七月戊子朔，日有蝕之。　五年正月乙酉朔，日有蝕之。京房易占曰：「日蝕乙酉，君弱臣强。司馬將兵，反征其王。」五月，有成濟之變。

元帝景元二年五月丁未朔，日有蝕之。　三年十一月己亥朔，日有蝕之。

武帝泰始二年七月丙午晦，日有蝕之。　十月丙午朔，日有蝕之。　七年十月丁丑朔，日有蝕之。　八年十月辛未朔，日有蝕之。　九年四月戊辰朔，日有蝕之。　又，七月丁酉朔，日有蝕之。　十年正月乙未，三月癸亥，並日有蝕之。

咸寧元年七月甲申晦，日有蝕之。　三年正月丙子朔，日有蝕之。　四年正月庚午朔，日有蝕之。

太康四年三月辛丑朔，日有蝕之。　七年正月甲寅朔，日有蝕之。　八年正月戊申朔，日有蝕之。　九年正月壬申朔，六月庚子朔，並日有蝕之。永熙元年四月庚申，帝崩。

惠帝元康九年十一月甲子朔，日有蝕之。十二月，廢皇太子遹爲庶人，尋殺之。

永康元年正月己卯，四月辛卯朔，並日有蝕之。〔一五〕

永寧元年閏月丙戌朔，日有蝕之。

光熙元年正月戊子朔，七月乙酉朔，並日有蝕之。十一月，惠帝崩。　十二月壬午朔，又日有蝕之。

懷帝永嘉元年十一月戊申朔，日有蝕之。　二年正月丙子朔，〔一六〕日有蝕之。　六年二月壬子朔，日有蝕之。

愍帝建興四年六月丁巳朔，十二月甲申朔，〔一七〕並日有蝕之。五年五月丙子，十一月丙子，〔一八〕並日有蝕之。時帝蒙塵于平陽。

元帝太興元年四月丁丑朔，日有蝕之。

明帝太寧三年十一月癸巳朔，日有蝕之，在卯至斗。斗，吳分也。其後蘇峻作亂。

成帝咸和二年五月甲申朔，日有蝕之，在井。井，主酒食，女主象也。明年，皇太后以憂崩。六年三月壬戌朔，日有蝕之。是時帝已年長，每幸司徒第，猶出入見王導夫人曹氏如子弟之禮。以人君而敬人臣之妻，有虧君德之象也。九年十月乙未朔，日有蝕之。〔一九〕是時帝既冠，當親萬機，而委政大臣，著君道有虧也。

咸康元年十月乙未朔，日有蝕之。七年二月甲子朔，日有蝕之。三月，杜皇后崩。八年正月乙未朔，〔二〇〕日有蝕之。京都大雨，郡國以聞。是謂三朝，王者惡之。六月而帝崩。

穆帝永和二年四月己酉，〔二一〕七年正月丁酉，八年正月辛卯，並日有蝕之。十二年十月癸巳朔，日有蝕之，在尾。尾，燕分，北狄之象也。是時邊表姚襄、苻生互相吞噬，朝廷憂勞，征伐不止。

升平四年八月辛丑朔，日有蝕之，幾既在角。凡蝕，淺者禍淺，深者禍大。角爲天門，人主惡之。明年而帝崩。

哀帝隆和元年三月甲寅朔，〔三〕十二月戊午朔，並日有蝕之。明年而帝有疾，不識萬機。

海西公太和三年三月丁巳朔，五年七月癸酉朔，並日有蝕之。皆海西被廢之應也。

孝武帝寧康三年十月癸酉朔，日有蝕之。

太元四年閏月己酉朔，日有蝕之。是時苻堅攻沒襄陽，執朱序。六年六月庚子朔，日有蝕之。九年十月辛亥朔，日有蝕之。十七年五月丁卯朔，日有蝕之。二十年三月庚辰朔，日有蝕之。明年帝崩。

安帝隆安四年六月庚辰朔，日有蝕之。是時元顯執政。

元興二年四月癸巳朔，日有蝕之。其冬桓玄簒位。

義熙三年七月戊戌朔，日有蝕之。十年九月丁巳朔，日有蝕之。十一年七月辛亥晦，日有蝕之。十三年正月甲戌朔，日有蝕之。明年，帝崩。

恭帝元熙元年十一月丁亥朔，日有蝕之。自義熙元年至是，日蝕皆從上始，皆爲革命之徵。

周禮眡祲氏掌十煇之法，以觀妖祥，辯吉凶，有祲、象、鑴、監、闇、瞢、彌、序、隮、想凡十。後代名變，說者莫同。今錄其著應以次之云。

吳孫權赤烏十一年二月，白虹貫日，權發詔戒懼。

武帝泰始五年七月甲寅，日暈再重，白虹貫之。

太康元年正月己丑朔，五色氣冠日，自卯至酉。占曰：「君道失明，丑爲斗牛，主吳越。」是時孫晧淫暴，四月降。

惠帝元康元年十一月甲申，日暈，再重，青赤有光。九年正月，日中有若飛鷰者，數日乃消。王隱以爲愍懷廢死之徵。

永康元年正月癸亥朔，日暈，三重。十月乙未，日闇，黃霧四塞。占曰：「不及三年，下有拔城大戰。」十二月庚戌，日中有黑氣。京房易傳曰：「祭天不順茲謂逆，厥異日中有黑氣。」

永寧元年九月甲申，日中有黑子。京房易占：「黑者陰也，臣不掩君惡，令下見，百姓惡君，則有此變。」又曰：「臣有蔽主明者。」

太安元年十一月，日中有黑氣。

永興元年十一月，日中有黑氣分日。

光熙元年五月壬辰、癸巳，日光四散，赤如血流，照地皆赤。甲午又如之。占曰：「君道失明。」

懷帝永嘉元年十一月乙亥，黃黑氣掩日，所照皆黃。案河圖占曰「日薄也」。其說曰：「凡日蝕皆於朔晦，有不於晦朔者爲日薄。雖非日月同宿，時陰氣盛，掩日光也。」占類日蝕。二年正月戊申，白虹貫日。二月癸卯，白虹貫日，青黃暈，五重。占曰：「白虹貫日，近臣爲亂，不則諸侯有反者。暈五重，有國者受其祥，天下有兵，破亡其地。」明年，司馬越暴蔑人主。五年，劉聰破京都，帝蒙塵于寇庭。五年三月庚申，日散光，如血下流，所照皆赤。日中有若飛鸗者。

愍帝建興二年正月辛未辰時，〔二三〕日隕于地。又有三日相承，出於西方而東行。五年正月庚子，三日並照，虹蜺彌天。日有重暈，左右兩珥。占曰：「白虹，兵氣也。三四五六日俱出並爭，天下兵作，丁巳亦如其數。」〔二四〕又曰：「三日並出，不過三旬，諸侯爭爲帝。日重暈，天下有立王。暈而珥，天下有立侯。」故陳卓曰：「當有大慶，天下其三分乎！」三月而江東改元爲建武，劉聰、李雄亦跨曹劉疆宇，於是兵連累葉。

元帝太興元年十一月乙卯，日夜出，高三丈，中有赤青珥。四年二月癸亥，日鬬。三月癸未，日中有黑子。〔二五〕辛亥，帝親錄訊囚徒。〔二六〕

永昌元年十月辛卯，日中有黑子。時帝寵幸劉隗，擅威福，虧傷君道，王敦因之舉兵，逼京都，禍及忠賢。

明帝太寧元年正月己卯朔，日暈無光。癸巳，黃霧四塞。占曰：「君道失明，陰陽昏，臣有陰謀。」京房曰：「下專刑，茲謂分威，蒙微而日不明。」先是，王敦害尚書令刁協、僕射周顗、驃騎將軍戴若思等，是專刑之應。敦既陵上，卒伏其辜。十一月丙子，白虹貫日。史官不見，桂陽太守華包以聞。

成帝咸和九年七月，白虹貫日。

咸康元年七月，白虹貫日。二年七月，白虹貫日。自後庾氏專政，由后族而貴，蓋亦婦人擅國之義，故頻年白虹貫日。八年正月壬申，日中有黑子，丙子乃滅。夏，帝崩。

穆帝永和八年，張重華在涼州，日暴赤如火，中有三足烏，形見分明，五日乃止。十年十月庚辰，日中有黑子，大如雞卵。十一年三月戊申，日中有黑子，大如桃，二枚。時天子幼弱，久不親國政。

升平三年十月丙午，日中有黑子，大如雞卵。少時而帝崩。

海西公太和三年九月戊辰夜，二虹見東方。四年四月戊辰，日暈，厚密，白虹貫日中。十月乙未，日中有黑子。五年二月辛酉，日中有黑子，大如李。六年三月辛未，白虹貫日，日暈，五重。十一月，桓溫廢帝，卽簡文咸安元年也。

簡文咸安二年十一月丁丑，日中有黑子。

孝武寧康元年十一月己酉，日中有黑子，大如李。二年三月庚寅，日中有黑子二枚，大如鴨卵。十一月己巳，日中有黑子，大如雞卵。時帝已長，而康獻皇后以從嫂臨朝，實傷君道，故日有瑕也。

太元十三年二月庚子，日中有黑子二，大如李。十四年六月辛卯，日中又有黑子，大如李。二十年十一月辛卯，日中又有黑子。是時會稽王以母弟干政。

安帝隆安元年十二月壬辰，日暈，有背璚。是後不親萬機，會稽王世子元顯專行威罰。四年十一月辛亥，日中有黑子。

元興元年二月甲子，日暈，白虹貫日中。三月庚子，白虹貫日。未幾，桓玄克京都，王師敗績。明年，玄篡位。

義熙元年五月庚午，日有彩珥。六年五月丙子，日暈，有璚。時有盧循逼京都，內外戒嚴。七月，循走。七年七月，五虹見東方。占曰：「天子黜。」其後劉裕代晉。十年，日在東井，有白虹十餘丈在南干日。災在秦分，秦亡之象。

恭帝元熙二年正月壬辰，白氣貫日，東西有直珥各一丈，白氣貫之交帀。

月變

魏文帝黄初四年十一月，月暈北斗。占曰："有大喪，赦天下。"七年五月，帝崩，明帝即位，大赦天下。

孝懷帝永嘉五年三月壬申丙夜，月蝕，既。丁夜又蝕，既。占曰："月蝕盡，大人憂。"又曰："其國貴人死。"

海西公太和四年閏月乙亥，月暈軫，復有白暈貫月北，暈斗柄三星。占曰："王者惡之。"六年，桓溫廢帝。

安帝隆安五年三月甲子，月生齒。占曰："月生齒，天子有賊臣，羣下自相殘。"桓玄篡逆之徵也。

義熙九年十二月辛卯朔，月猶見東方。是謂之仄慝，則侯王其肅。是時劉裕輔政，威刑自己，仄慝之應云。十一年十一月乙未，月入輿鬼而暈。占曰："主憂，財寶出。"一曰："月暈，有赦。"

月奄犯五緯

凡月蝕五星，其國皆亡。五星入月，其野有逐相。

魏明帝太和五年十二月甲辰，月犯塡星。〔二七〕

青龍二年十月乙丑，月又犯塡星。占同上。戊寅，月犯太白。占曰："人君死，又爲兵。」景初元年七月，公孫文懿叛。二年正月，遣宣帝討之。三年正月，天子崩。四年三月己巳，太白與月俱加景晝見，月犯太白。占同上。

景初元年十月丁未，月犯熒惑。占曰：「貴人死。」二年四月，司徒韓暨薨。

齊王嘉平元年正月甲午，太白襲月。宣帝奏永寧太后廢曹爽等。

惠帝太安二年十一月庚辰，〔二八〕歲星入月中。占曰：「國有逐相。」十二月壬寅，太白犯月。占曰：「天下有兵。」三年正月己卯，〔二九〕月犯太白，占同青龍元年。〔三〇〕七月，左衞將軍陳眕等率衆奉帝伐成都王，六軍敗績，兵逼乘輿。後二年，帝崩。

元帝太興二年十一月辛巳，月犯熒惑。占曰：「有亂臣。」三年十二月己未，太白入月，在斗。郭璞曰：「月屬坎，陰府法象也。太白金行而來犯之，天意若曰，刑理失中，自毀其法。」四年十二月丁亥，月犯歲星，在房。占曰：「其國兵饑，人流亡。」永昌元年三月，王敦作亂，率江荆之衆來攻，敗京都，殺將相。又，鎭北將軍劉隗出奔，百姓並去南畝，困於兵革。四月，又殺湘州刺史、譙王司馬承，鎭南將軍甘卓。

成帝咸康元年二月乙未，太白入月。四月甲午，月犯太白。四年四月己巳，七月乙巳，月俱奄太白。占曰：「人君死。又爲兵，人主惡之。」明年，石季龍之衆大寇沔南，於是內外戒嚴。五年四月辛未，月犯歲星，在胃。占曰：「國饑，人流。」乙未，月犯歲星，在昴。

及冬，有沔南、郟城之敗，百姓流亡萬餘家。六年二月乙未，太白入月。占曰：「人主死。」四月甲午，月犯太白。占曰：「人主惡之。」

穆帝永和八年十二月，月在東井，犯歲星。占曰：「秦饑，人流亡。」是時兵革連起。十年十一月，月奄填星，在輿鬼。占曰：「秦有兵。」時桓溫伐苻健，健堅壁長安，溫退。十二年八月，桓溫破姚襄。

升平元年十一月壬午，月奄歲星，在房。占曰：「人饑。」一曰：「豫州有災。」二年閏三月乙亥，月犯歲星，在房。占同上。三年，豫州刺史謝萬敗。三年三月乙酉，月犯太白，在昴。占曰：「人君死。」一曰：「趙地有兵，胡不安。」四年正月，慕容儁卒。五年正月乙丑辰時，月在危宿，奄太白。占曰：「天下靡散。」三月丁未，月犯填星，在軫。占曰：「爲大喪。」五月，穆帝崩。七月，慕容恪攻冀州刺史呂護於野王，拔之，護奔走。時桓溫以大衆次宛，聞護敗，乃退。

哀帝興寧元年十月丙戌，月奄太白，在須女。占曰：「天下靡散。」一曰：「災在揚州。」三年，洛陽沒。其後桓溫傾揚州資實北討，敗績，死亡太半。及征袁眞，淮南殘破。後慕容暐及苻堅互來侵境。三年正月乙卯，月奄歲星，在參。占曰：「參，益州分也。」六月，鎭西將軍益州刺史周撫卒。十月，梁州刺史司馬勳入益州以叛，朱序率衆助刺史周楚討平之。

海西太和元年二月丙子，月奄熒惑，在參。占曰：「爲內亂，帝不終之徵。」一曰：「參，魏地。」五年，慕容暐爲苻堅所滅。

孝武太元十二年二月戊寅，熒惑入月。占曰：「有亂臣死，若有相戮者。」一曰：「女親爲政，天下亂。」是時琅邪王輔政，王妃從兄王國寶以姻昵受寵。又陳郡人袁悅昧私苟進，交遘主相，扇揚朋黨。十三年，〔三一〕帝殺悅於市。於是主相有隙，亂階興矣。十三年十二月戊子，〔三二〕辰星入月，在危。占曰：「賊臣欲殺主，不出三年，必有內惡。」是後慕容垂、翟遼、姚萇、苻登、慕容永並阻兵爭强。十四年十二月乙未，月犯歲星。占並同上。〔三三〕十五年，翟遼據司兗，衆軍累討弗克，慕容氏又跨略幷冀。七月，旱。八月，諸郡大水，〔三四〕兗州又蝗。十八年正月乙酉，熒惑入月。占曰：「憂在宮中，非賊乃盜也。」一曰：「有亂臣，若有戮者。」二十一年九月，帝暴崩內殿，兆庶宣言，夫人張氏潛行大逆。又，王國寶邪狡，卒伏其辜。十九年四月己巳，月奄歲星，在尾。占曰：「爲饑，燕國亡。」二十年，慕容垂遣息寶伐魏，反爲所破，死者數萬人。二十一年，垂死，國遂衰亡。

安帝隆安元年六月庚午，月奄太白，在太微端門外。占曰：「國受兵。」乙酉，月奄歲星，在東壁。占曰：「爲饑，衞地有兵。」二年六月，郗恢遣鄧啓方等以萬人伐慕容寶於滑臺，啓方敗。三年九月，桓玄等並舉兵，於是內外戒嚴。四年正月乙亥，月犯塡星，在牽牛。

占曰：「吳越有兵喪，女主憂。」 六月乙未，月又犯填星，在牽牛。 十月乙未，月奄歲星，在北河。占曰：「爲饑，胡有兵。」其四年五月，孫恩破會稽，殺內史謝琰。後又破高雅之於餘姚，死者十七八。七月，太皇太后李氏崩。元興元年，孫恩寇臨海，人衆餓死，散亡殆盡。

元興元年四月辛丑，月奄辰星。七月，大饑，人相食。 二年十一月辛巳，月犯熒惑。占悉同上。二年十二月，桓玄篡位，放遷帝、后於尋陽，以永安何皇后爲零陵君。〔三五〕三年二月，劉裕盡誅桓氏。 三年二月甲辰，月奄歲星於左角。占曰：「天下兵起。」是年二月丙辰，〔三六〕劉裕起義兵，殺桓脩等。明年正月，衆軍攻桓振，卒滅諸桓。

義熙元年四月己卯，月犯填星，在東壁。占曰：「其地亡國。」一曰：「貴人死。」 七月己未，月奄填星，在東壁。〔三七〕占曰：「其國以伐亡。」一曰：「人流。」 十月丁巳，月奄填星，在營室。占同上。十一月，荆州刺史魏詠之卒。二年二月，司馬國璠等攻沒弋陽。三年，司徒揚州刺史王謐薨。四年正月，太保、武陵王遵薨。三月，左僕射孔安國薨。 二年十二月丙午，月奄太白，在危。占曰：「齊亡國。」一曰：「强國君死。」五年四月，劉裕大軍北討慕容超，卒滅之。 七年六月庚子，月犯歲星，在畢。占曰：「有邊兵，且饑。」 八月乙未，月犯歲星，在參。占曰：「益州兵饑。」七月，朱齡石剋蜀，蜀人尋反，又討之。 八年正月庚戌，月犯歲星，在畢。占同上。九年七月，朱齡石滅蜀。 十二年五月甲申，月犯歲星，在左角。

占曰：「爲饑。」十四年四月壬申，月犯填星於張。占曰：「天下有大喪。」其明年，帝崩。〔三八〕

恭帝元熙元年七月，月犯歲星。占悉同上。〔三九〕十二月丁巳，月犯太白于羽林。二年六月，帝遜位，禪宋。

五星聚舍

魏明帝太和四年七月壬戌，〔四〇〕太白犯歲星。占曰「太白犯五星，有大兵。」五年三月，諸葛亮以大衆寇天水。時宣帝爲大將軍，距退之。

青龍二年二月己未，太白犯熒惑。占曰：「大兵起，有大戰。」是年四月，諸葛亮據渭南，吳亦起兵應之，魏東西奔命。

惠帝元康三年，塡星、歲星、太白三星聚于畢昴。占曰：「爲兵喪。畢昴，趙地也。」後賈后陷殺太子，趙王廢后，又殺之，斬張華、裴頠，遂篡位，廢帝爲太上皇，天下從此遘亂連禍。

永寧二年十一月，熒惑、太白鬬于虛危。占曰：「大兵起，破軍殺將。虛危，又齊分也。」十二月，熒惑襲太白于營室。占曰：「天下兵起，亡君之戒。」一曰：「易相。」初，齊王冏之京都，因留輔政，遂專傲無君。是月，成都、河間檄長沙王乂討之，冏、乂交戰，攻焚宮闕，冏兵敗，夷滅。又殺其兄上軍將軍寔以下二千餘人。太安二年，成都又攻長沙，於是公私饑困，百姓力屈。

太安三年正月，熒惑犯歲星。占曰：「有戰。」七月，左衞將軍陳眕奉帝伐成都，六軍敗績。

光熙元年九月，塡星犯歲星。占曰：「塡與歲合，爲內亂。」是時司馬越專權，終以無禮破滅，內亂之應也。十二月癸未，太白犯塡星。占曰：「爲內兵，有大戰。」是後河間王爲東海王越所殺。明年正月，東海王越殺諸葛玫等。五月，汲桑破馮嵩，殺東燕王。八月，苟晞大破汲桑。

懷帝永嘉六年七月，熒惑、歲星、太白聚牛、女之間，徘徊進退。案占曰「牛女，揚州分」，是後兩都傾覆，而元帝中興揚土。

建武元年五月癸未，太白、熒惑合於東井。占曰「金火合曰爍，爲喪。」是時愍帝蒙塵于平陽，七月崩于寇庭。

元帝太興二年七月甲午，歲星、熒惑會于東井。八月乙未，太白犯歲星，合在翼。占曰：「爲兵饑。」三年六月丙辰，太白與歲星合于房。占同上。永昌元年王敦攻京師，六軍敗績。王敦尋死。

成帝咸康三年十一月乙丑，太白犯歲星于營室。占曰：「爲兵饑。」四年二月，石季龍破幽州，遷萬餘家以南。五年，季龍衆五萬寇沔南，略七千餘家而去。又騎二萬圍陷邾城，殺略五千餘人。四年十二月癸丑，太白犯填星，在箕。占曰：「王者亡地。」七年，慕容皝自稱燕王。七年三月，太白熒惑合于太微中，犯左執法。明年，顯宗崩。八年十二月己酉，太白犯熒惑于胃。占曰：「大兵起。」其後庾翼大發兵，謀伐石季龍，專制上流。

康帝建元元年八月丁未，太白犯歲星，在軫。占曰：「有大兵。」是年石季龍將劉寧寇沒狄道。

穆帝永和四年五月，熒惑入婁，犯填星。占曰：「兵大起，有喪，災在趙。」其年石季龍死，來年冉閔殺石遵及諸胡十萬餘人，其後褚裒北伐，喪衆而薨。六年三月戊戌，熒惑犯歲星。占曰：「爲戰。」七年三月戊子，歲星、熒惑合于奎。其年劉顯殺石祇及諸胡帥，中土大亂。十二年七月丁卯，太白犯填星，在柳。占曰：「周地有大兵。」其年八月，桓溫伐苻健，退，因破姚襄於伊水，定周地。

升平二年八月戊午，熒惑犯填星，在張。占曰：「兵大起。」三年八月庚午，太白犯填星，在太微中。占曰：「王者惡之。」五年十月丁卯，熒惑犯歲星，在營室。占曰：「大臣有匿謀。」一曰：「衞地有兵。」時桓溫擅權，謀移晉室。

海西公太和元年八月戊午，太白犯歲星，在太微中。三年六月甲寅，太白奄熒惑，在

太微端門中。六年，海西公廢。〔四一〕

簡文咸安二年正月己酉，歲星犯填星，在須女。占曰：「爲內亂。」七月，帝崩，桓溫擅權，謀殺侍中王坦之等，內亂之應。

孝武寧康二年十一月癸酉，太白奄熒惑，在營室。占曰：「金火合爲爍，爲兵喪。」太元元年七月，苻堅伐涼州，破之，虜張天錫。

太元十一年十二月己丑，太白犯歲星。占曰：「爲兵饑。」是時河朔未平，兵連在外，冬大饑。　十七年九月丁丑，歲星、熒惑、填星同在亢、氐。　十二月癸酉，填星去，熒惑、歲星猶合。占曰：「三星合，是謂驚立絕行，內外有兵喪與饑，改立王公。」　十九年十月，太白、填星、熒惑辰星合于氐。　十二月癸丑，太白犯歲星，在斗。占曰：「爲亂饑，爲內兵。」斗，吳越分。」至隆安元年，王恭等舉兵，顯王國寶之罪，朝廷殺之。是後連歲水旱饑。

安帝隆安元年二月，歲星、熒惑皆入羽林。占曰：「中軍兵起。」四月，王恭等舉兵，內外戒嚴。

元興元年八月庚子，太白犯歲星，在上將東南。占曰：「楚兵饑。」一曰：「災在上將。」二年，桓玄篡位。　三年，劉裕盡誅桓氏。　二年十月丁丑，太白犯填星，在婁。占同上。　三年二月壬辰，太白、熒惑合于羽林。　二年十二月，桓玄篡位，放遷帝、后。　三年二月，劉裕起義兵，桓玄逼帝東下。

義熙二年十二月丁未，熒惑、太白皆入羽林，又合于壁。三年正月，慕容超寇淮北、徐州，至下邳。八月，遣劉敬宣伐蜀。三年二月癸亥，熒惑、填星、太白、辰星聚于奎、婁，從填星也，徐州分。是時，慕容超僭號于齊，兵連徐兗，連歲寇抄，至于淮泗，姚興、譙縱僭號秦蜀，盧循及魏南北交侵。其五年，劉裕北殄慕容超。其六月辛卯，熒惑犯辰星，在翼。占曰：「天下兵起。」八月己卯，太白奄熒惑。占曰：「有大兵。」其四年，姚略遣衆征赫連勃勃，大爲所破。五年四月甲戌，熒惑犯辰星，在東井。占曰：「皆爲兵。」十二月辛丑，太白犯歲星，在奎。占曰：「大兵起，魯有兵。」是年四月，劉裕討慕容超。六年二月，滅慕容超于魯地。七年七月丁卯，歲星犯填星，在參。占曰：「歲填合，爲內亂。」一曰：「益州戰，不勝，亡地。」是時朱齡石伐蜀，後竟滅之。明年，誅謝混、劉毅。八年七月甲申，〔四三〕太白犯填星，在東井。占曰：「秦有大兵。」九年二月丙午，熒惑、填星皆犯東井。占曰：「秦有兵。」三月壬辰，歲星、熒惑、填星、太白聚于東井，從歲星也。東井，秦分。十三年，劉裕定關中，其後遂移晉祚。十四年十月癸巳，熒惑入太微，犯西蕃上將，仍順行至左掖門內，留二十日乃逆行。至恭帝元熙元年三月五日，出西蕃上將西三尺許，又順還入太微。時填星在太微，熒惑繞填星成鉤己，其年四月丙戌，從端門出。占曰：「熒惑與填星鉤己天庭，天下更紀。」十二月，安帝母弟琅邪王踐阼，是曰恭帝。來年，禪于宋。

校勘記

〔一〕瑞星妖星天變至五星聚舍　諸子目原無，今依志文小題補。

〔二〕又爲燕趙代以北宰相之象　「北」原作「比」，以「又爲燕趙代」爲句，「以比宰相之象」爲句。隋志中作「北」，以「又爲燕趙代以北」爲句，「宰相之象」爲句。隋志義長，今從之。

〔三〕大而白無角　拾補：隋志中「無」作「有」。斠注：占經引作「有角」。

〔四〕聖人起伐　拾補：「伐」當作「代」。按：隋志中作「代」。

〔五〕反登　原作「及登」。拾補：「及」，隋志、通考皆作「反」。斠注：占經引河圖春秋緯亦作「反登」。今據改。

〔六〕名曰天狗　各本均無「曰」字，宋本有，今從之。

〔七〕賊成賊敗也　各本作「賊敗成也」，今從宋本。

〔八〕一虹貫抱至日　原重「抱」字。周校：據下「二虹貫抱至日」，此處下「抱」字衍。按：周說是，今據删。

〔九〕視所從來　校文：隋志「來」下有「避之」二字。

〔一〇〕乃有兵必起　拾補「有」下脫「占」字，史記天官書有。

〔一一〕太安二年　「二」，各本均作「三」，殿本作「二」。太安無三年，今從殿本。

〔一二〕是日　御覽八七引「日」作「時」，疑是。蓋據惠帝紀，長沙王奉帝出拒二王在八月乙丑，非庚午。若作「是時」，則較切合。

〔一三〕五月丁丑朔　魏志齊王芳紀但云「五月朔」，無「丁丑」二字。時曆是月壬戌朔，非丁丑。

〔一四〕四月壬子朔　是月辛亥朔，非壬子。

〔一五〕正月己卯至日有蝕之　通鑑考異云，按長曆，己卯十七日，安得日蝕？

〔一六〕正月丙子朔　帝紀、宋書五行志五並作「丙午朔」，時曆是月丙午朔。

〔一七〕十二月甲申朔　宋書五行志五作「乙卯朔」。是月實乙卯朔。

〔一八〕五月丙子十一月丙子　此兩「丙子」均疑有誤。

〔一九〕九年十月乙未朔日有蝕之　拾補：此因下咸康元年十月乙未朔誤衍。

〔二〇〕正月乙未朔　帝紀作「己未朔」，時曆是己未朔。

〔二一〕二年四月己酉　帝紀「四月己酉」下有「朔」字。是月實是甲午朔。

〔二二〕三月甲寅朔　時曆是月壬辰朔。

〔二三〕辛未辰時　「辰」原作「庚」，拾補、周校均謂帝紀「庚」作「辰」，今從帝紀改。

〔二四〕丁巳亦如其數　「丁巳」二字當從宋書五行志五作「王立」。

〔二五〕二月癸亥日鬭三月癸未日中有黑子　宋書五行志五及通鑑九一並作「三月癸亥日中有黑子」，疑是。二月無癸亥，三月無癸未，疑此誤。

〔二六〕辛亥帝親錄訊囚徒　勞校：「辛亥」上脫「四月」二字。按：帝紀正云「四月辛亥帝親覽庶獄」。

〔二七〕十二月甲辰月犯塡星　宋書天文志在本志校記中以後簡稱宋志一此下有「占曰女主當之」六字。據下文「月又犯塡星占同上」，則此脫「占曰女主當之」六字。類此者後不具校。

〔二八〕太安二年　各本均作「太安元年」，唯宋本作「二年」，與宋志二合，與上下文干支亦盡符合，今從宋本。

〔二九〕三年正月己卯　「三年」，各本作「二年」，宋本作「三年」，與下文所述事年載合，今從宋本。唯正月己亥朔，無己卯，「己卯」疑「乙卯」之誤。

〔三〇〕占同青龍元年　據上文「青龍二年十月」云云，此應作「二年」。

〔三一〕十三年　各本作「十二年」，宋本作「十三年」，與宋志三合，今從宋本。

〔三二〕十三年十二月戊子　「十二月」，各本作「十一月」，宋本作「十二月」。十一月無戊子，十二月戊子爲三日，故從宋本。

〔三三〕十二月乙未至占並同上　宋志三「乙未」上並載「熒惑入羽林」，故云「占並同上」。此文只載一事，不當云「並」，疑衍文。

〔三四〕諸郡大水　據帝紀及五行志上，「諸郡」上當有「沔中」二字。

〔三五〕以永安何皇后爲零陵君　「零陵君」，各本作「遷陵君」，殿本作「零陵君」，與何皇后傳合，今從之。

〔三六〕二月丙辰　「二」原作「三」，據帝紀改。丙辰爲二月干支。

〔三七〕在東壁　「在」字依宋志三補。

〔三八〕其明年帝崩　周校：「明」字衍文。

〔三九〕月犯歲星占悉同上　宋志三「歲星」下並載「己卯月犯太微太白晝見」，故云「占悉同上」。此文「悉」字無所指，疑爲衍文。

〔四〇〕七月壬戌　「七月」，各本作「十一月」，宋本作「七月」。十一月乙亥朔，無壬戌；七月丁未朔，壬戌爲十六日，故從宋本。

〔四一〕海西公廢　各本無「公」字，宋本有，今從宋本。

〔四二〕七月甲申　原作「十月甲申」。拾補：「十」字譌。今據宋志三改作「七」。

晉書卷十三

志第三

天文下

月五星犯列舍　經星變附見　妖星客星　星流隕　雲氣

月五星犯列舍經星變附見

魏文帝黄初四年三月癸卯，月犯心大星。占曰：「心爲天王位，王者惡之。」六月甲申，太白晝見。案劉向五紀論曰：「太白少陰，弱，不得專行，故以己未爲界，不得經天而行。經天則晝見，其占爲兵喪，爲不臣，爲更王；强國弱，小國强。」是時孫權受魏爵號，而稱兵距守。其十二月丙子，月犯心大星。占同上。五年十月乙卯，太白晝見。占同上。又歲星入太微逆行，積百四十九日乃出。占曰：「五星入太微，從右入三十日以上，人主有大憂。」一曰：「有赦至。」七年五月，帝崩，明帝卽位，大赦天下。六年五月壬戌，熒惑入太微，至壬申，與歲星相及，俱犯右執法，至癸酉乃出。占曰：「從右入三十日以上，人主有大憂。」又曰：「月、五星犯左右執法，大臣有憂。」一曰：「執法者誅，金、火尤甚。」十一月，皇子東武陽王鑒薨。七年正月，驃騎將軍曹洪免爲庶人。四月，征南大將軍夏侯尚薨。五月，帝崩。蜀記稱明帝問黃權曰：「天下鼎立，何地爲正？」對曰：「當驗天文。往者熒惑守心而文帝崩，吳、蜀無事，此其徵也。」案三國史並無熒惑守心之文，疑是入太微。八月，吳遂圍江夏，寇襄陽，大將軍宣帝救襄陽，斬吳將張霸等，兵喪更王之應也。

明帝太和五年五月，熒惑犯房。占曰：「房四星，股肱臣將相位也，月、五星犯守之，將相有憂。」其七月，車騎將軍張郃追諸葛亮，爲亮所害。十二月，太尉華歆薨。其十一月乙酉，月犯軒轅大星。占曰：「女主憂。」六年三月乙亥，月又犯軒轅大星。十一月丙寅，太白晝見南斗，遂歷八十餘日，恒見。占曰：「吳有兵。」明年，孫權遣張彌等將兵萬人，錫授公孫文懿爲燕王，文懿斬彌等，虜其衆。青龍三年正月，太后郭氏崩。

青龍二年三月辛卯，〔一〕月犯輿鬼。輿鬼主斬殺。占曰：「人多病，國有憂。」又曰：「大臣憂。」是年夏及冬，大疫。四年五月，司徒董昭薨。其五月丁亥，太白晝見，積三十餘日。以晷度推之，非秦魏，則楚也。是時，諸葛亮據渭南，宣帝與相持；孫權寇合肥，又遣陸議、孫韶等入淮沔，天子親東征。蜀本秦地，則爲秦魏及楚兵悉起矣。其七月己巳，月犯楗閉。占曰：「有火災。」三年七月，崇華殿災。三年六月丁未，塡星犯井鉞。戊戌，太白又犯之。占曰：「凡月、五星犯井鉞，悉爲兵災。」一曰：「斧鉞用，大臣誅。」　七月己丑，塡星犯東井距星。占曰：「塡星入井，大人憂。」行近距，爲行陰。　其占曰：「大水，五穀不成。」景初元年夏，大水，傷五穀。　其年十月壬申，太白晝見，在尾，歷二百餘日，恒晝見。占曰：「尾爲燕，有兵。」　十二月戊辰，月犯鉤鈐。　占曰：「王者憂。」　四年閏正月己巳，塡星犯井鉞。　三月癸卯，塡星犯東井。　己巳，太白與月加景晝見。　五月壬寅，太白犯畢左股第一星。占曰：「畢爲邊兵，又主刑罰。」九月，涼州塞外胡阿畢師使侵犯諸國，西域校尉張就討之，斬首捕虜萬計。　其年七月甲寅，太白犯軒轅大星。占曰：「女主憂。」景初元年，皇后毛氏崩。

景初元年二月乙酉，月犯房第二星。占曰：「將軍有憂。」其七月，司徒陳矯薨。　二年四月，司徒韓暨薨。　其七月辛卯，太白晝見，積二百八十餘日。時公孫文懿自立爲燕王，署置百官，發兵距守，宣帝討滅之。　二年二月己丑，月犯心距星，又犯中央大星。　五月乙亥，月又犯心距星及中央大星。　案占曰：「王者惡之。」犯前星，太子有憂。」三年正月，帝崩。太子立，卒見廢。　其年十月甲午，月犯箕。占曰：「將軍死。」正始元年四月，車騎將軍黃權薨。　其閏十一月癸丑，月犯心中央大星。

少帝正始元年四月戊午，月犯昴東頭第一星。　十月庚寅，月又犯昴北斗四星。占曰：「月犯昴，胡不安。」二年六月，鮮卑阿妙兒等寇西方，敦煌太守王延破之，斬二萬餘級。三年，又斬鮮卑大帥及千餘級。　二年九月癸酉，月犯輿鬼西北星。　三年二月丁未，又犯西南星。占曰：「有錢令。」一曰：「大臣憂。」三年三月，太尉滿寵薨。　四年正月，帝加元服，賜羣臣錢各有差。　四年十月、十一月，月再犯井鉞。是月，宣帝討諸葛恪，恪棄城走。　五年二月，曹爽征蜀。　五年十一月癸巳，塡星犯亢距星。占曰：「諸侯有失國者。」　七年七月丁丑，月犯左角。占曰：「天下有兵，左將軍死。」　七月乙亥，熒惑犯畢距星。占曰：「有邊兵。」一曰：「刑罰用。」　九年正月辛亥，月犯亢南星。占曰：「兵起。」一曰：「將軍死。」七月癸丑，塡星犯楗閉。占曰：「王者不宜出宮下殿。」嘉平元年，天子謁陵，宣帝奏誅曹爽等。天子野宿，於是失勢。

嘉平元年六月壬戌，太白犯東井距星。占曰：「國失政，大臣爲亂。」　四月辛巳，太白犯輿鬼。占曰：「大臣誅。」一曰：「兵起。」　二年三月己未，太白又犯井距星。　三年七月，王淩與楚王彪有謀，皆伏誅，人主遂卑。

吳孫權赤烏十三年夏五月，日北至，熒惑逆行，入南斗。秋七月，犯魁第三星而東。漢晉春秋云「逆行」。案占：「熒惑入南斗，三月吳王死。」一曰：「熒惑逆行，其地有死君。」太元二年，權薨，是其應也，故國志書於吳。是時，王淩謀立楚王彪，謂「斗中有星，當有暴貴者」，以問知星人浩詳。詳疑有故，欲悅其意，不言吳有死喪，而言「淮南楚分，吳楚同占，當有王者興」，故淩計遂定。

嘉平二年十二月丙申，月犯輿鬼。三年四月戊寅，月犯東井。五月甲寅，月犯亢距星。占曰：「將軍死。」一曰：「爲兵。」是月，王淩、楚王彪等誅。七月，皇后甄氏崩。四年三月，吳將爲寇，鎭東將軍諸葛誕破走之。其年七月己巳，月犯輿鬼。九月乙巳，又犯之。十月癸未，熒惑犯亢南星。占曰：「臣有亂。」四年十一月丁未，月又犯鬼積尸。五年六月戊午，太白犯角。占曰：「羣臣有謀，不成。」庚辰，月犯箕星。占曰：「將軍死。」七月，月犯井鉞。丙午，月又犯鬼西北星。占曰：「國有憂。」十一月癸酉，月犯東井距星。占曰：「將軍死。」正元元年正月，鎭東將軍毌丘儉、揚州刺史文欽反，兵俱敗，誅死。二月，李豐及弟翼、后父張緝等謀亂，事泄，悉誅，皇后張氏廢。九月，帝廢爲齊王。蜀將姜維攻隴西，車騎將軍郭淮討破之。

高貴鄉公正元二年二月戊午，熒惑犯東井北轅西頭第一星。甘露元年七月乙卯，熒惑犯東井鉞星。壬戌，月又犯鉞星。八月辛亥，月犯箕。

吳廢孫亮太平元年九月壬辰，太白犯南斗，吳志所書也。占曰：「太白犯斗，國有兵，大臣有反者。」其明年，諸葛誕反。又明年，孫綝廢亮。吳魏並有兵事也。

甘露元年九月丁巳，月犯東井。　二年六月己酉，月犯心中央大星。　八月壬子，歲星犯井鉞。　九月庚寅，歲星逆行，乘井鉞。　十月丙寅，太白犯亢距星。占曰：「逆臣爲亂，人君憂。」景元元年五月，有成濟之變及諸葛誕誅，皆其應也。　二年三月庚子，太白犯東井。占曰：「國失政，大臣爲亂。」是夜，歲星又犯東井。占曰：「兵起。」至景元元年，高貴鄉公敗。　三年八月壬辰，歲星犯輿鬼鑕星。占曰：「斧鑕用，大臣誅。」　四年四月甲申，歲星又犯輿鬼東南星。占曰：「鬼東南星主兵，木入鬼，大臣誅。」景元元年，殺尚書王經。

元帝景元元年二月，月犯建星。案占：「月五星犯建星，大臣相譖。」是後鍾會、鄧艾破蜀，會譖艾。　二年四月，熒惑入太微，犯右執法。占曰：「人主有大憂。」一云：「大臣憂。」　四年十月，歲星守房。占曰：「將相憂。」一云：「有大赦。」明年，鄧艾、鍾會皆夷滅，赦蜀土。　五年，帝遜位。

武帝咸寧四年九月，太白當見不見。占曰：「是謂失舍，不有破軍，必有亡國。」是時羊祜表求伐吳，上許之。　五年十一月，兵出，太白始夕見西方。太康元年三月，大破吳軍，孫晧面縛請罪，吳國遂亡。

太康八年三月，熒惑守心。占曰：「王者惡之。」太熙元年四月乙酉，帝崩。〔三〕

惠帝元康三年四月，熒惑守太微六十日。占曰：「諸侯三公謀其上，必有斬臣。」一曰：

「天子亡國。」是春太白守畢，至是百餘日。占曰：「有急令之憂。」一曰：「相死。」又爲邊境不安。後賈后陷殺太子。　六年十月乙未，太白晝見。　九年六月，熒惑守心。占曰：「王者惡之。」八月，熒惑入羽林。占曰：「禁兵大起。」其後，帝見廢爲太上皇，俄而三王起兵討趙王倫，倫悉遣中軍兵相距累月。

永康元年三月，中台星坼，太白晝見。占曰：「台星失常，三公憂。太白晝見，爲不臣。」是月，賈后殺太子，趙王倫尋廢殺后，斬司空張華。其五月，熒惑入南斗。占曰：「宰相死，兵大起。斗，又吳分野。」是時，趙王倫爲相，明年，篡位，三王興師誅之。太安二年，石冰破揚州。其八月，熒惑入箕。占曰：「人主失位，兵起。」明年，趙王倫篡位，改元。二年二月，太白出西方，逆行入東井。占曰：「國失政，大臣爲亂。」是時，齊王冏起兵討趙王倫，倫滅，冏擁兵不朝，專權淫奢，明年，誅死。

永寧元年，自正月至于閏月，五星互經天，縱橫無常。星傳曰：「日陽，君道也；星陰，臣道也。日出則星亡，臣不得專也。晝而星見午上者爲經天，其占『爲不臣，爲更王』。」今五星悉經天，天變所未有也。石氏說曰：「辰星晝見，其國不亡則大亂。」是後，台鼎方伯，互執大權，二帝流亡，遂至六夷更王，迭據華夏，亦載籍所未有也。其四月，歲星晝見。五月，太白晝見。占同前。七月，歲星守虛危。占曰：「木守虛危，有兵憂。虛危，齊分。」一曰：「守虛，饑；守危，徭役煩多，下屈竭。」辰星入太微，占曰「爲內亂」，一曰「羣臣相殺」。太白守右掖門，占曰：「爲兵，爲亂，爲賊。」八月戊午，塡星犯左執法，又犯上相，占曰「上相憂」。熒惑守昴，占曰「趙魏有災」。辰星守輿鬼，占曰「秦有災」。九月丁未，月犯左角。占曰：「人主憂。」一曰：「左衞將軍死，天下有兵。」二年四月癸酉，歲星晝見。占曰：「爲臣强。」初，齊王冏定京都，因留輔政，遂專慠無君。是月，成都、河間檄長沙王乂討之。冏、乂交戰，攻焚宮闕，冏兵敗，夷滅。又殺其兄上軍將軍寔以下二十餘人。太安二年，成都攻長沙，於是公私饑困，百姓力屈。

太安二年二月，太白入昴。占曰：「天下擾，兵大起。」七月，熒惑入東井。占曰：「兵起，國亂。」是秋，太白守太微上將。占曰：「上將以兵亡。」是年冬，成都、河間攻洛陽。八月，長沙王奉帝出距二王。三年正月，東海王越執長沙王乂，張方又殺之。三年正月，熒惑入南斗，占同永康。七月，左衞將軍陳眕率衆奉帝伐成都，六軍敗績，兵偪乘輿。是時，天下盜賊羣起，張昌尤盛。

永興元年七月庚申，太白犯角、亢，經房、心，歷尾、箕。九月，入南斗。占曰：「犯角，天下大戰；犯亢，有大兵，人君憂；入房心，爲兵喪；犯尾箕，女主憂。」一曰：「天下大亂。入南斗，有兵喪。」一曰：「將軍爲亂。其所犯守，又兗、豫、幽、冀、揚州之分野。」是年七月，有蕩陰之役。九月，王浚殺幽州刺史和演，攻鄴，鄴潰，於是兗豫爲天下兵衝。陳敏又亂揚土。劉元海、石勒、李雄等並起微賤，跨有州郡。皇后羊氏數被幽廢。皆其應也。二年四月丙子，太白犯狼星。占曰：「大兵起。」九月，歲星守東井。占曰：「有兵，井又秦分野。」是年，苟晞破公師藩，張方破范陽王虓，關西諸將攻河間王顒，顒奔走，東海王迎殺之。

光熙元年四月，太白失行，自翼入尾、箕。占曰：「太白失行而北，是謂反生。不有破軍，必有屠城。」五月，汲桑攻鄴，魏郡太守馮嵩出戰，大敗，桑遂害東燕王騰，殺萬餘人，焚燒魏時宮室皆盡。其九月丁未，熒惑守心。占曰：「王者惡之。」己亥，塡星守房、心。占曰：「塡守房，多禍喪；守心，國內亂，天下赦。」是時，司馬越專權，終以無禮破滅，內亂之應也。十一月，帝崩，懷帝卽位，大赦天下。

懷帝永嘉元年十二月丁亥，星流震散。按劉向說，天官列宿，在位之象；其衆小星無名者，衆庶之類。此百官衆庶將流散之象也。是後天下大亂，百官萬姓，流移轉死矣。二年正月庚午，太白伏不見，二月庚子，始晨見東方，是謂當見不見，占同上條。其後破軍殺將，不可勝數，帝崩虜庭，中夏淪覆。三年正月庚子，熒惑犯紫微。占曰：「當有野死之王，又爲火燒宮。」是時太史令高堂沖奏，乘輿宜遷幸，不然必無洛陽。五年六月，劉曜、王彌入京都，焚燒宮廟，執帝歸平陽。三年，塡星久守南斗。占曰：「塡星所居久者，其國有福。」是時，安東將軍、琅邪王始有揚土。其年十一月，地動，陳卓以爲是地動應也。五年十月，熒惑守心。六年六月丁卯，太白犯太微。占曰：「兵入天子庭，王者惡之。」七月，帝崩于寇庭，〔三〕天下行服大臨。

元帝太興元年七月，太白犯南斗。占曰：「吳越有兵，大人憂。」二年二月甲申，熒惑犯東井。占曰：「兵起，貴臣相戮。」八月己卯，太白犯軒轅大星。占曰：「後宮憂。」三年五月戊子，太白入太微，又犯上將星。占曰：「天子自將，上將誅。」九月，太白犯南斗。十月己亥，熒惑在東井，居五諸侯南，踟蹰留積三十日。占曰：「熒惑守井二十日以上，大人憂。守五諸侯，諸侯有誅者。」永昌元年三月，王敦率江荊之衆來攻京都，六軍距戰，敗績，人主謝過而已。於是殺護軍將軍周顗、尚書令刁協、驃騎將軍戴若思。又，鎮北將軍劉隗出奔。四月，又殺湘州刺史譙王司馬承、鎮南將軍甘卓。閏十二月，帝崩。

明帝太寧三年正月，熒惑逆行，入太微。占曰：「爲兵喪，王者惡之。」閏八月，帝崩。後二年，蘇峻反，攻焚宮室，太后以憂偪崩，天子幽劫于石頭城，遠近兵亂，至四年乃息。

成帝咸和六年正月丙辰，月入南斗。占曰：「有兵。」是月，石勒殺略婁、武進二縣人。明年，石勒衆又抄略南沙、海虞。其十一月，熒惑守胃昴。占曰：「趙魏有兵。」八年七月，石勒死，石季龍自立。是時，雖二石僭號，而其强弱常占於昴，不關太微、紫宮也。八年三月己巳，月入南斗。與六年占同。其年七月，石勒死，彭彪以譙，石生以長安，郭權以秦州並歸順。於是遣督護喬球率衆救彪，〔四〕彪敗，球退。又，石季龍、石斌攻滅生、權。其七月，熒惑入昴。占曰：「胡王死。」一曰：「趙地有兵。」是月，石勒死，石季龍多所攻沒。八月，月又犯昴。占曰：「胡不安。」九年三月己亥，熒惑入輿鬼，犯積尸。占曰：「兵在西北，有沒軍死將。」六月、八月，月又犯昴。是時，石弘雖襲勒位，而石季龍擅威橫暴，十一月廢弘自立，遂幽殺之。

咸康元年二月己亥，太白犯昴。占曰：「兵起，歲中旱。」四月，石季龍略騎至歷陽，加司徒王導大司馬，治兵列戍衡要。是時，石季龍又圍襄陽。六月，旱。其年三月丙戌，〔五〕月入昴。占曰：「胡王死。」八月戊戌，熒惑入東井。占曰：「無兵，兵起；有兵，兵止。」十一月，月犯昴。二年正月辛亥，〔六〕月犯房南第二星。八月，月又犯昴。九月庚寅，太白犯南斗，因晝見。占曰：「斗爲宰相，又揚州分，金犯之，死喪之象。晝見，爲不臣，又爲兵喪。」其後，石季龍僭稱天王，發衆七萬，四年二月自隴西攻段遼于薊，又襲慕容皝於棘城，不克，皝擊破其將麻秋，并虜段遼殺之。三年七月己酉，月犯房上星。八月，熒惑入輿鬼，犯積尸。甲戌，月犯東井距星。九月戊子，月犯建星。四年四月己巳，太白晝見，在柳。占曰：「爲兵，爲不臣。」明年，石季龍大寇沔南，於是內外戒嚴。其五月戊戌，熒惑犯右執法。占曰：「大臣死，執政者憂。」九月，太白又犯右執法。案占：「五星災同，金火尤甚。」〔七〕十一月戊子，太白犯房上星。占曰：「上相憂。」五年四月乙未，月犯畢距星。占曰：「兵起。」七月己酉，月犯房上星。占曰：「將相憂。」是月庚申，丞相王導薨，庾冰代輔政。八月，太尉郗鑒薨。又有沔南邾城之敗，百姓流亡萬餘家。六年正月，征西大將軍庾亮薨。六年三月甲辰，熒惑犯太微上將星。占曰：「上將憂。」四月丁丑，熒惑犯右執法。占曰：「執政者憂。」六月乙亥，月犯牽牛中央星。占曰：「大將憂。」是時，尚書令何充爲執法，有譴，欲避其咎，明年求爲中書令。其四月丙午，太白犯畢距星。占曰：「兵革起。」一曰：「女主憂。」六月乙卯，太白犯軒轅大星。占曰：「女主憂。」七年三月，皇后杜氏崩。七年三月壬午，月犯房。四月己丑，太白入輿鬼。五月，太白晝見。八月辛丑，月犯輿鬼。八年六月，熒惑犯房上第二星。占曰：「次相憂。」八月壬寅，月犯畢。占曰：「下犯上，兵革起。」十月，月又掩畢大星。占同上。其建元二年，車騎將軍庾冰薨。庾翼大發兵，謀伐石季龍，專制上流，朝廷憚之。

康帝建元元年正月壬午，太白入昴。占曰：「趙地有兵。」又曰：「天下兵起。」四月乙酉，太白晝見。是年，石季龍殺其子邃，又遣將寇沒狄道，及屯薊東，謀慕容皝。二年，歲星犯天關。安西將軍庾翼與兄冰書曰：「歲星犯天關，占云『關梁當分』。比來江東無他故，江道亦不艱難，而石季龍頻年再閉關，不通信使，此復是天公憒憒，無皁白之徵也。」 其閏月乙酉，太白犯斗。占曰：「爲喪，天下受爵祿。」九月，帝崩，太子立，大赦，賜爵。

穆帝永和元年正月丁丑，月入畢。占曰：「兵大起。」 戊寅，月犯天關。占曰：「有亂臣更天子之法。」 五月辛巳，太白晝見，在東井。占曰：「爲臣强，秦有兵。」 六月辛丑，月入太微，犯屏西南星。占曰：「輔臣有免罷者。」 七月、八月，月皆犯畢。占同上。 己未，月犯輿鬼。占曰：「大臣有誅。」 九月庚戌，月又犯畢。是年初，庾翼在襄陽。七月，翼疾將終，輒以子爰之爲荆州刺史，代己任。爰之尋被廢。明年，桓溫又輒率衆伐蜀，執李勢，送至京都。蜀本秦地也。 二年二月壬子，月犯房上星。 四月丙戌，月又犯房上星。 八月壬申，太白犯左執法。 三年正月壬午，月犯南斗第五星。占曰：「將軍死，近臣去。」 五月壬申，月犯南斗第四星，因入魁。占曰：「有兵。」一曰：「有大赦。」 六月，月犯東井距星。占曰：「將軍死，國有憂。」 戊戌，月犯五諸侯。占曰：「諸侯有誅。」 九月庚寅，太白犯南斗第五星。占曰：「爲喪，爲兵。」 四年七月丙申，太白犯左執法。 甲寅，月犯房。 丁巳，月入南斗，犯第二星。 乙丑，太白犯左執法。占悉同上。 十月甲辰，月犯亢。占曰：「兵起，將軍死。」 十一月戊戌，月犯上將星。 三年六月，大赦。是月，陳逵征壽春，敗而還。 七月，氐蜀餘寇反，亂益土。 九月，石季龍伐涼州。 五年，征北大將軍褚裒卒。 四年四月，太白入昴。是時，戎晉相侵，趙地連兵尤甚。七月，太白犯軒轅。占曰：「在趙，及爲兵喪。」甲寅，月犯房。十月甲戌，月犯亢。占曰：「兵起，將軍死。」八月，石季龍太子宣殺弟韜，宣亦死。其十一月戊戌，月犯上將星。五年正月，石季龍僭號稱皇帝，尋死。〔八〕五年四月丁未，太白犯東井。占曰：「秦有兵。」九月戊戌，太白犯左角。占曰：「爲兵。」十月，月犯昴。占曰：「胡有憂，將軍死。」是年八月，褚裒北征兵敗。十月，關中二十餘壁舉兵內附。石遵攻沒南陽。十一月，冉閔殺石遵，又盡殺胡十餘萬人，於是趙魏大亂。十二月，褚裒薨。八年，劉顯、苻健、慕容儁並僭號。殷浩北伐，敗績，見廢。六年二月辛酉，月犯心大星。占曰：「大人憂，又豫州分野也。」丁丑，月犯房。占曰：「將相憂。」六月己丑，月犯昴。占同上。乙未，月犯五諸侯。占同上。七月壬寅，月始出西方，犯左角。占曰：「大將軍死。」一曰：「天下有兵。」丁未，月犯箕。占曰：「將軍死。」丙寅，熒惑犯鉞星。占曰：「大臣有誅。」八月辛卯，月犯左角。太白晝見，在南斗。月犯右執法。占並同上。是歲，司徒蔡謨免爲庶人。七年二月，太白犯昴。占同上。三月乙卯，熒惑入輿鬼，犯積尸。占曰：「貴人有憂。」五月乙未，熒惑犯軒轅大星。占曰：「女主憂。」太白入畢口，犯左股。占曰：「將相當之。」六月乙亥，月犯箕。占曰：「國有兵。」丙子，月犯斗。丁丑，熒惑入太微，犯右執法。八月庚午，太白犯軒轅。戊子，太白犯右執法。

占悉同上。七年，劉顯殺石祗及諸將帥，山東大亂，疾疫死亡。八年三月戊戌，月犯軒轅大星。癸丑，月入南斗，犯第二星。五月，月犯心星。六月癸酉，月犯房。七月壬子，歲星犯東井距星。占曰：「內亂兵起。」八月戊戌，熒惑入輿鬼。占曰：「忠臣戮死。」丙辰，太白入南斗，犯第四星。占曰：「將爲亂。」一曰：「丞相免。」九年二月乙巳，月入南斗，犯第三星。三月戊辰，月犯房。八月，歲星犯輿鬼東南星。占曰：「兵起。」是時，帝幼沖，母后稱制，將相有隙，兵革連起，慕容儁僭號稱燕王，攻伐不休。十年正月乙卯，月蝕昴星。占曰：「趙魏有兵。」癸酉，塡星奄鉞星。占曰：「斧鉞用。」二月甲申，月犯心大星。占曰：「王者惡之。」七月庚午，太白晝見。晷度推之，災在秦鄭。九月辛酉，太白犯左執法。是時，桓溫擅命，朝臣多見迫脅。四月，溫伐苻健，破其嶢柳軍。十二月，慕容恪攻齊。十一年三月辛亥，月奄軒轅。占同上。四月庚寅，月犯牛宿南星。占曰：「國有憂。」八月己未，太白犯天江。占曰：「河津不通。」十二年六月庚子，太白晝見，在東井。占如上。己未，月犯鉞星。八月癸酉，月奄建星。九月戊寅，熒惑入太微，犯西蕃上將星。十一月丁丑，熒惑犯太微東蕃上相星。十二年十一月，齊城陷，執段龕，殺三千餘人。永和三年，鮮卑侵略河、冀。升平元年，慕容儁遂據臨漳，盡有幽、并、青、冀之地。緣河諸將奔散，河津隔絕。時權在方伯，九服交兵。

升平元年四月壬子，太白入輿鬼。丁亥，月奄井南轅西頭第二星。占曰：「秦地有兵。」一曰：「將死。」六月戊戌，太白晝見，在軫。占同上。軫是楚分野。壬子，月犯畢。占曰：「爲邊兵。」七月辛巳，熒惑犯天江。占曰：「河津不通。」十一月，歲星犯房。占曰：「豫州有災。」其年五月，苻堅殺苻生而立。十二月，慕容儁入屯鄴。二年八月，豫州刺史謝奕薨。二年二月辛卯，〔九〕塡星犯軒轅大星。占曰：「人主惡之。」甲午，月犯東井。六月辛酉，月犯房。十月己未，太白犯哭星。占曰：「有大哭泣。」三年正月壬辰，熒惑犯楗閉星。案占曰：「人主憂。」三月乙酉，熒惑逆行犯鉤鈐。案占：「王者惡之。」六月，太白犯東井。七月乙酉，熒惑犯天江。丙戌，太白犯輿鬼。占悉同上。戊子，月犯牽牛中央大星。占曰：「牽牛，天將也。犯中央大星，將軍死。」八月丁未，太白犯軒轅大星。甲子，月犯畢大星。占曰：「爲邊兵。」一曰：「下犯上。」三年十月，諸葛攸舟軍入河，敗績。豫州刺史謝萬入潁，衆潰而歸，萬除名。十一月，司徒會稽王以郗曇、謝萬二鎭敗，求自貶三等。四年正月，慕容儁死，子暐代立。慕容恪殺其尚書令陽騖等。四年正月乙亥，月犯牽牛中央大星。六月辛亥，辰星犯軒轅。占曰：「女主憂。」己未，太白入太微右掖門，從端門出。占曰：「貴奪勢。」一曰：「有兵。」又曰：「出端門，臣不臣。」八月戊申，太白犯氐。占曰：「國有憂。」丙辰，熒惑犯太微西蕃上將星。九月壬午，太白入南斗口，犯第四星。占曰：「爲喪，有赦，天下受爵祿。」十二月甲寅，熒惑犯房。丙寅，太白晝見。庚寅，月犯楗閉。占曰：「人君惡之。」五年正月乙巳，塡星逆行，犯太微。五月壬寅，月犯太微。庚戌，月犯建星。占曰：「大臣相謀。」是時，殷浩敗績，卒致遷徙。其月辛亥，月犯牽牛宿。占曰：「國有憂。」六月癸亥，月犯氐東北星。占曰：「大將當之。」〔一〇〕五年正月，北中郎將郗曇薨。五月，帝崩，哀帝立，大赦，賜爵，褚后失勢。七月，慕容恪攻冀州刺史呂護於野王，護奔滎陽。是時，桓溫以大衆次宛，聞護敗，乃退。五年六月癸酉，月奄氐東北星。占曰：「大將軍當之。」九月乙酉，月奄畢。占曰：「有邊兵。」十月丁未，月犯畢大星。占曰：「下犯上。」又曰：「有邊兵。」八月，范汪廢。隆和元年，慕容暐遣將寇河陰。

哀帝興寧三年七月庚戌，月犯南斗。占曰：「女主憂。」歲星犯輿鬼。占曰：「人君憂。」十月，太白晝見，在亢。占曰：「亢爲朝廷，有兵喪，爲臣强。」明年五月，皇后庾氏崩。

海西太和二年正月，太白入昴。五年，慕容暐爲苻堅所滅，又據司、冀、幽、幷四州。六年閏月，熒惑守太微端門。占曰：「天子亡國。」又曰：「諸侯三公謀其上。」一曰：「有斬臣。」辛卯，月犯心大星。占曰：「王者惡之。」十一月，桓溫廢帝，幷奏誅武陵王，簡文不許，溫乃徙之新安，皆臣强之應也。

簡文咸安元年十二月辛卯，熒惑逆行入太微，二年三月猶不退。占曰：「國不安，有憂。」是時，帝有桓溫之逼。　二年五月丁未，太白犯天關。占曰：「兵起。」歲星形色如太白。占曰：「進退如度，姦邪息；變色亂行，主無福。歲星於仲夏當細小而不明，此其失常也。又爲臣強。」　六月，太白晝見，在七星。　乙酉，太白犯輿鬼。占曰：「國有憂。」七月，帝崩，桓溫以兵威擅權，將誅王坦之等，內外迫脅。又，庾希入京城，盧悚入宮，並誅滅之。

孝武寧康元年正月戊申，月奄心大星。案占曰：「災不在王者，則在豫州。」一曰：「主命惡之。」　三月丙午，月奄南斗第五星。占曰：「大臣憂，有死亡。」一曰：「將軍死。」七月，桓溫薨。　九月癸巳，熒惑入太微。是時，女主臨朝，政事多缺。　二年閏月己未，月奄牽牛南星。占曰：「左將軍死。」　十二月甲申，太白晝見，在氐。氐，兗州分野。　三年五月丙午，北中郎將王坦之薨。　三年六月辛卯，太白犯東井。占曰：「秦地有兵。」　九月戊申，熒惑奄左執法。占曰：「執法者死。」太元元年，苻堅破涼州。　二年十月，尚書令王彪之卒。

太元元年四月丙戌，熒惑犯南斗第三星。　丙申，又奄第四星。占曰：「兵大起，中國饑。」一曰：「有赦。」　八月癸酉，太白晝見，在氐。氐，兗州分野。　九月，熒惑犯哭泣星，遂入羽林。占曰：「天子有哭泣事，中軍兵起。」　十一月己未，月奄氐角。〔一〕占曰：「天下有兵。」一曰：「國有憂。」　二年二月，熒惑守羽林。占曰：「禁兵大起。」　九月壬午，太白晝見，在角。角，兗州分野。升平元年五月，大赦。三年八月，秦人寇樊、鄧、襄陽、彭城。四年二月，襄陽陷，朱序沒。四月，魏興陷，賊聚廣陵、三河，衆五六萬。於是諸軍外次衝要，丹楊尹屯衞京都。六月，兗州刺史謝玄討賊，大破之。是時，中外連兵，比年荒儉。四年十一月丁巳，太白犯哭星。占曰：「天子有哭泣事。」五年七月丙子，辰星犯軒轅。占曰：「女主當之。」九月癸未，皇后王氏崩。六年九月丙子，太白晝見。七年十一月，太白又晝見，在斗。占曰：「吳有兵喪。」八年四月甲子，太白又晝見，在參。占曰：「魏有兵喪。」是月，桓沖征沔漢，楊亮伐蜀，並拔城略地。八月，苻堅自將，號百萬，九月，攻沒壽陽。十月，劉牢之破苻堅將梁成，斬之，殺獲萬餘人。謝玄等又破苻堅於淝水，斬其弟融，堅大衆奔潰。九年六月，皇太后褚氏崩。八月，謝玄出屯彭城，經略中州矣。九年七月丙戌，太白晝見。十一月丁巳，又晝見。十年四月乙亥，又晝見于畢昴。占曰：「魏國有兵喪。」是時苻堅大衆奔潰，趙魏連兵相攻，堅爲姚萇所殺。十一年三月戊申，太白晝見，在東井。占曰：「秦有兵，臣强。」六月甲申，又晝見于輿鬼。占曰：「秦有兵。」時魏、姚萇、苻登連兵，相征不息。甲午，歲星晝見，在胃。占曰：「魯有兵，臣强。」十二年，慕容垂寇東阿，翟遼寇河上，姚萇假號安定，苻登自立隴上，呂光竊據涼土。十二年六月癸卯，太白晝見，在柳。十月庚午，太白晝見，在斗。十三年正月丙戌，又晝見。十二月，熒惑在角亢，形色猛盛。占曰：「熒惑失其常，吏且棄其法，諸侯亂其政。」自是後，慕容垂、翟遼、姚萇、苻登、慕容永並阻兵爭强。十四年正月，彭城妖賊又稱號於皇丘，劉牢之破滅之。三月，張道破合鄉，〔三〕圍泰山，向欽之擊走之。是年，翟遼又攻沒滎陽，侵略陳項。于時政事多弊，君道陵遲矣。十四年四月乙巳，太白晝見于柳。六月辛卯，又晝見于翼。九月丙寅，又晝見于軫。十二月，熒惑入羽林。占並同上。十五年，翟遼掠司兗，衆軍累討不克，慕容垂又跨略并、冀等州。七月，旱。八月，諸郡大水，兗州又蝗。十五年九月癸未，熒惑入太微。十月，太白入羽林。十六年四月癸卯朔，太白晝見。十一月癸巳，月奄心前星。占曰：「太子憂。」是時，太子常有篤疾。十七年七月丁丑，太白晝見。十月丁酉，又晝見。十八年六月，又晝見。十九年五月，又晝見于柳。六月辛酉，又晝見于輿鬼。九月，又見于軫。二十年六月，熒惑入天囷。占曰：「大饑。」七月丁亥，太白晝見在太微。占曰：「太白入太微，國有憂。晝見，爲兵喪。」十二月己巳，月犯楗閉及東西咸。占曰：「楗閉司心腹喉舌，東西咸主陰謀。」二十一年二月壬申，太白晝見。三月癸卯，太白連晝見，在羽林。占曰：「有强臣，有兵喪，中軍兵起。」三月，太白晝見于胃。占曰：「中軍兵起。」四月壬午，太白入天囷。占曰：「爲饑。」六月，歲星犯哭泣星。占曰：「有哭泣事。」是年九月，帝崩。隆安元年，王恭等舉兵脅朝廷，於是內外戒嚴，殺王國寶以謝之。又連歲水旱，三方動，衆人饑。

安帝隆安元年正月癸亥，熒惑犯哭泣星。占曰：「有哭泣事。」四月丁丑，太白晝見，在東井。占曰：「秦有兵喪。」六月，姚興攻洛陽，郗恢遣兵救之。冬姚萇死，子略代立。魏王珪卽位於中山。其八月，熒惑守井鉞。占曰：「大臣有誅。」二年六月戊辰，攝提移度失常。歲星晝見，在胃，兗州分野。是年六月，郗恢遣鄧啓方等以萬人伐慕容寶於滑臺，〔一三〕敗而還。閏月，太白晝見，在羽林。丁丑，月犯東上相。三年五月辛酉，月又奄東上相。辛未，辰星犯軒轅大星。占悉同上。二年九月，庾楷等舉兵，表誅王愉等，於是內外戒嚴。三年六月，洛陽沒于寇。〔一四〕桓玄破荊、雍州，殺殷仲堪等。孫恩聚衆攻沒會稽，殺內史。四年六月辛酉，月犯哭泣星。五年正月，太白晝見。自去年十二月在斗晝見，至于是月乙卯。案占：「災在吳越。」七月癸亥，大角星散搖五色。占曰：「王者流散。」丁卯，月犯天關。占曰：「王者憂。」九月庚子，熒惑犯少微，又守之。占曰：「處士誅。」十月甲子，月犯東次相。其年七月，太皇太后李氏崩。十月，妖賊大破高雅之於餘姚，死者十七八。五年，孫恩攻侵郡縣，殺內史，至京口，進軍蒲洲，於是內外戒嚴。恩遣別將攻廣陵，殺三千餘人，退據郁洲，是時劉裕又追破之。九月，桓玄表至，逆旨陵上。十月，司馬元顯大治水軍，將以伐玄。元興元年正月，盧循自稱征虜將軍，領孫恩餘衆，略有永嘉、晉安之地。

二月，帝戎服遣西軍。三月，桓玄克京都，殺司馬元顯，放太傅會稽王道子。

元興元年三月戊子，太白犯五諸侯，因晝見。占曰：「諸侯有誅。」七月戊寅，熒惑在東井。熒惑犯輿鬼、積尸。占並同上。八月丙寅，太白奄右執法。九月癸未，太白犯進賢。占曰：「進賢者誅。」二年二月，歲星犯西上將。六月甲辰，月奄斗第四星。占曰：「大臣誅，不出三年。」八月癸丑，太白犯房北第二星。九月己丑，歲星犯進賢，熒惑犯西上將。十月甲戌，太白犯泣星。十一月丁酉，熒惑犯東上相。十二月乙巳，月奄軒轅第二星。占悉同上。元年冬，〔一五〕魏破姚興軍。二年十二月，桓玄纂位，放還帝、后於尋陽，以永安何皇后爲零陵君。三年二月，劉裕盡誅桓氏。三年正月戊戌，熒惑逆行，犯太微西上相。占曰：「天子戰於野，上相死。」二月丙辰，熒惑逆行，在左執法西北。占曰：「執法者誅。」四月甲午，月奄軒轅第二星。五月壬申，月奄斗第二星，塡星入羽林。占並同上。是年二月丙辰，劉裕殺桓脩等。三月己未，破走桓玄，遣軍西討。辛巳，誅左僕射王愉，桓玄劫天子如江陵。五月，玄下至崢嶸洲，義軍破滅之。桓振又攻沒江陵，幽劫天子。七月，永安何皇后崩。

義熙元年三月壬辰，月奄左執法。占同上。丁酉，月奄心前星。占曰：「豫州有災。」太白犯東井。占曰：「秦有兵。」七月庚辰，太白晝見，在翼、軫。占曰：「爲臣强，荆州有兵喪。」八月丁巳，月犯斗第一星。占曰：「天下有兵。」一曰：「大臣憂。」九月甲子，〔一〇〕熒惑犯少微。占曰：「處士誅。」庚寅，熒惑犯右執法。癸卯，熒惑犯左執法。占並同上。十一月丙戌，太白犯鉤鈐。占曰：「喉舌憂。」十二月己卯，歲星犯天江。占曰：「有兵亂，河津不通。」十一月，荆州刺史魏詠之薨。二年二月，司馬國璠等攻沒弋陽。四月，姚興伐仇池公楊盛，擊走之。九月，益州刺史司馬榮期爲其參軍楊承祖所害。三年十二月，司徒揚州刺史王謐薨。四年正月，太保武陵王遵薨。三月，左僕射孔安國卒。自後政在劉裕，人主端拱而已。

二年二月，太白犯南斗。占曰：「兵起。」己丑，月犯心後星。占曰：「豫州有災。」四月癸丑，月犯太微西上將。己未，月犯房南第二星。乙丑，歲星犯天江。占曰：「有兵亂，河津不通。」五月癸未，月犯左角。占曰：「左將軍死，天下有兵。」壬寅，熒惑犯氐。占曰：「氐爲宿宮，人主憂。」六月庚午，熒惑犯房北第二星。八月癸亥，熒惑犯南斗第五星。丁巳，犯建星。占曰：「爲兵。」九月壬午，熒惑犯哭星，又犯泣星。是年二月甲戌，司馬國璠等攻沒弋陽。又，慕容超侵略徐、兗，三年正月，又寇北徐州，至下邳。十二月，司徒王謐薨。四年正月，武陵王遵薨。五年，慕容超復寇淮北。四月，劉裕大軍討之，拔臨朐。又圍廣固，拔之。

三年正月丙子，太白晝見，在奎。二月庚申，月奄心後星。占同上。五月癸未，月犯左角。己丑，太白晝見，在參。占曰：「益州有兵喪，臣强。」八月己卯，太白犯左執法。辛卯，熒惑犯左執法。九月壬子，熒惑犯進賢星。是年八月，劉敬宣伐蜀，不克而旋。四年三月，左僕射孔安國卒。七月，司馬叔璠等攻沒鄒山，魯郡太守徐邕破走之。姚略遣衆征赫連勃勃，大爲所破。五年，劉裕討慕容超，滅之。四年正月庚子，熒惑犯天關。五月丁未，月奄斗第二星。壬子，塡星犯天廩。占曰：「天下饑，倉粟少。」六月己丑，太白犯太微西上將。乙卯，〔一七〕又犯左執法。十月戊子，熒惑入羽林。占悉同上。五年，劉裕討慕容超，後南北軍旅運轉不息。五年二月甲子，月犯昴。占曰：「胡不安，天子破匈奴。」五月戊戌，歲星入羽林。九月壬寅，月犯昴。十月，熒惑犯氐。閏月丁酉，月犯昴。辛亥，熒惑犯鉤鈐。己巳，月奄心大星。占曰：「王者惡之。」是年四月，劉裕討慕容超。十月，魏王珪遇弒殂。六年五月，盧循逼郊甸，宮衞被甲。六年三月丁卯，月奄房南第二星。災在次相。〔一八〕己巳，又奄斗第五星。占曰：「斗主吳，吳地兵起。」太白犯五諸侯。占曰：「諸侯有誅。」五月甲子，月奄斗第五星。己亥，月奄昴第三星。占曰：「國有憂。」一曰：「有白衣之會。」六月己丑，月犯房南第二星。甲午，太白晝見。七月己亥，月犯輿鬼。占曰：「國有憂。」一曰：「秦有兵。」八月壬午，太白犯軒轅大星。甲申，月犯心前星。災在豫州。〔一九〕丙戌，月犯斗第五星。占同上。丁亥，月奄牛宿南星。占曰：「天下有大誅。」乙未，太白犯少微。丙午，太白在少微而晝見。九月甲寅，太白犯左執法。丁丑，塡星犯畢。占曰：「有邊兵。」是年三月，始興太守徐道覆反。四月，盧循寇湘中，沒巴陵，率衆逼京畿。是月，左僕射孟昶懼王威不振，仰藥自殺。七年十二月，劉蕃梟徐道覆首，〔二〇〕杜慧度斬盧循，並傳首京都。八年六月，劉道規卒，時爲豫州刺史。八月，皇后王氏崩。九月，兗州刺史劉蕃、尙書左僕射謝混伏誅。劉裕西討劉毅，斬首徇之。十二月，遣益州刺史朱齡石伐蜀。七年四月辛丑，熒惑入輿鬼。占曰：「秦有兵。」一曰：「雍州有災。」六月，太白晝見，在翼。己亥，塡星犯天關。占曰：「臣謀主。」八月，太白犯房南第二星。十一月丙子，〔二一〕太白犯哭星。其七月，朱齡石克蜀，蜀又反，討滅之。八年七月癸亥，月奄房北第二星。己未，月犯井鉞。八月戊申，月犯泣星。十月辛亥，月奄天關。占曰：「有兵。」十一月丁丑，塡星犯東井。占曰：「大人憂。」十二月癸卯，塡星犯井鉞。是年八月，皇后王氏崩。九月，誅劉蕃、謝混，〔二二〕討滅劉毅。十二月，朱齡石滅蜀。九年二月，熒惑入輿鬼。占曰：「有兵喪。」太白犯南河。占曰：「兵起。」五月壬辰，太白犯右執法，晝見。七月庚午，月奄鉤鈐。占曰：「喉舌臣憂。」九月庚午，歲星犯軒轅大星。己丑，月犯左角。時劉裕擅命，兵革不休。十月，裕討司馬休之，〔二三〕王師不利，休之等奔長安。十年正月丁卯，月犯畢。占曰：「將相有以家坐罪者。」二月己酉，月犯房北星。五月壬寅，月犯牽牛南星。乙丑，歲星犯軒轅大星。占悉同上。六月丙申，月奄氐。占曰：「將死之，國有誅者。」七月庚辰，月犯天關。占曰：「兵起。」熒惑犯井鉞。塡星犯輿鬼，遂守之。占曰：「大人憂，宗廟改。」八月丁酉，月奄牽牛南星。占同上。九月，塡星犯輿鬼。占曰：「人主憂。」丁巳，太白入羽林。十二月己酉，月犯西咸。占曰：「有陰謀。」十一年，林邑寇交州，距敗之。十一年三月丁巳，月入畢。占曰：「天下兵起。」一曰：「有邊兵。」己卯，熒惑入輿鬼。閏月丙午，塡星又入輿鬼。占曰：「爲旱，大疫，爲亂臣。」五月癸卯，熒惑入太微。甲辰，犯右執法。六月己未，太白犯東井。占曰：「秦有兵。」戊寅，犯輿鬼。占曰：「國有憂。」七月辛丑，月犯畢。占同上。八月壬子，月犯氐。占同上。庚申，太白順行，從右掖門入太微。丁卯，奄左執法。十一月癸亥，月入畢。占同上。乙未，月入輿鬼而暈。十二年五月甲申，歲星留房心之間，宋之分野。始封劉裕爲宋公。六月壬子，太白順行入太微右掖門。己巳，月犯畢。占同上。七月，月犯牛宿。十月丙戌，月入畢。十三年五月丙子，月犯軒轅。丁亥，犯牽牛。癸巳，熒惑犯右執法。八月己酉，月犯牽牛。丁卯，月犯太微。占曰：「人君憂。」九月壬辰，熒惑犯軒轅。十月戊申，月犯畢。占悉同上。月犯箕。占曰：「國有憂。」甲寅，月犯畢。占同上。乙卯，塡星犯太微，留積七十餘日。占曰：「亡君之戒。」壬戌，月犯太微。十四年三月癸巳，〔二四〕太白犯五諸侯。　五月庚子，月犯太微。　七月甲辰，熒惑犯輿鬼。占曰：「秦有兵，又爲旱，爲兵喪。」亦曰：「大人憂，宗廟改，亦爲亂臣。」時劉裕擅命，軍旅數興，饑旱相屬，其後卒移晉室。　丁巳，月犯東井。占曰：「軍將死。」　八月甲子，太白犯軒轅。　癸酉，填星入太微，犯右執法，因留太微中，積二百餘日乃去。占曰：「填星守太微，亡君之戒，有徙王。」　九月乙未，太白入太微，犯左執法。　丁巳，月入太微。占曰：「大人憂。」　十月甲申，月入太微。　癸巳，熒惑入太微，犯西蕃上將，仍順行，至左掖門內，留二十日，乃逆行。　義熙十二年七月，劉裕伐姚泓。　十三年八月，擒姚泓，司、兗、秦、雍悉平。　十四年，劉裕還彭城，受宋公。　十一月，左僕射前將軍劉穆之卒。　明年，西虜寇長安，雍州刺史朱齡石諸軍陷沒，官軍捨而東。　十二月，帝崩。

恭帝元熙元年正月丙午，三月壬寅，五月丙申，月皆犯太微，占悉同上。　乙卯，辰星犯軒轅。　六月庚辰，太白犯太微。　七月己卯，月犯太微，太白晝見。　自義熙元年至是，太白經天者九，日蝕者四，皆從上始，革代更王，臣失君之象也。　是夜，太白犯哭星。　十二月丁巳，月、太白俱入羽林。　二年二月庚午，〔二五〕填星犯太微。占悉同上。　元年七月，劉裕受宋王。　是年六月，帝遜位于宋。〔二六〕

妖星客星

魏文帝黃初三年九月甲辰，客星見太微左掖門內。占曰：「客星出太微，國有兵喪。」十月，帝南征孫權。是後，累有征役。六年十月乙未，有星孛于少微，歷軒轅。占「爲兵喪，除舊布新之象」。時帝軍廣陵，辛丑，親御甲冑觀兵。明年五月，帝崩。

明帝太和六年十一月丙寅，有星孛于翼，近太微上將星。占曰：「爲兵喪。」甘氏曰：「孛彗所當之國，是受其殃。翼又楚分野，孫權封略也。」明年，權有遼東之敗。又明年，諸葛亮入秦川。孫權發兵，緣江淮屯要衝，權自圍新城以應亮，天子東征權。

青龍四年十月甲申，有星孛于大辰，長三尺。乙酉，又孛于東方。十一月己亥，彗星見，犯宦者天紀星。占曰：「大辰爲天王，天下有喪。」劉向五紀論曰：「春秋，星孛于東方，不言宿者，不加宿也。宦者在天市，爲中外有兵。天紀爲地震，孛彗主兵喪。」景初元年六月，地震。九月，吳將朱然圍江夏。皇后毛氏崩。二年正月，討公孫文懿。三年正月，明帝崩。

景初二年八月，彗星見張，長三尺，逆西行，四十一日滅。占同上。張，周分野。十月癸巳，客星見危，逆行，在離宮北、騰蛇南。甲辰，犯宗星。己酉，滅。占曰：「客星所出有兵喪。虛危爲宗廟，又爲墳墓。客星近離宮，則宮中將有大喪，就先君於宗廟之象也。」三年正月，帝崩。

少帝正始元年十月乙酉，彗星見西方，在尾，長三丈，拂牽牛，犯太白。十一月甲子，進犯羽林。占曰：「尾爲燕，又爲吳，牛亦吳越之分。太白爲上將，羽林中軍兵。爲吳越有喪，中軍兵動。」二年五月，吳遣三將寇邊。吳太子登卒。六月，宣帝討諸葛恪於皖。太尉滿寵薨。六年八月戊午，彗星見七星，長二尺，色白，進至張，積二十三日滅。七年十一月癸亥，又見軫，長一尺，積百五十六日滅。九年三月，又見昴，長六尺，色青白，芒西南指。七月，又見翼，長二尺，進至軫，積四十二日滅。案占曰：「七星張爲周分野，翼軫爲楚，昴爲趙魏。彗所以除舊布新，主兵喪也。」嘉平元年，宣帝誅曹爽兄弟及其黨與，皆夷三族，京師嚴兵。三年，誅楚王彪，又襲王淩於淮南。淮南，東楚也。魏諸王幽於鄴。

嘉平三年十一月癸亥，有星孛于營室，西行，積九十日滅。占曰：「有兵喪。室爲後宮，後宮且有亂。」四年二月丁酉，彗星見西方，在胃，長五六丈，色白，芒南指，貫參，積二十日滅。五年十一月，彗星又見軫，長五丈，在太微左執法西，東南指，積百九十日滅。案占：「胃，兗州之分野。參，主兵。太微，天子庭。執法，爲執政。孛彗爲兵喪，除舊布新之象。」正元元年二月，李豐、豐弟翼、后父張緝等謀亂，皆誅，皇后亦廢。九月，帝廢爲齊王。

高貴鄉公正元元年十一月，白氣出南斗側，廣數丈，長竟天。王肅曰：「蚩尤之旗也，東南其有亂乎！」二年正月，有彗星見于吳楚分，西北竟天。鎮東大將軍毌丘儉等據淮南叛，景帝討平之。案占：「蚩尤旗見，王者征伐四方。」自後又征淮南，西平巴蜀。是歲，吳主孫亮五鳳元年也。斗牛，吳越分。案占：「吳有兵喪，除舊布新之象也。」太平三年，孫綝盛兵圍宮，廢亮爲會稽王，故國志又書於吳也。淮南江東同揚州地，故于時變見吳、楚。楚之分則魏之淮南，多與吳同災。是以毋丘儉以孛爲己應，遂起兵而敗。後三年，即魏甘露二年，諸葛誕又反淮南，吳遣將救之。及城陷，誕衆與吳兵死沒各數萬人，猶前長星之應也。

甘露二年十一月，彗星見角，色白。占曰：「彗星見兩角間色白者，軍起不戰，邦有大喪。」景元元年，高貴鄉公爲成濟所害。四年十月丁丑，客星見太微中，轉東南行，歷軫宿，積七日滅。占曰：「客星出太微，有兵喪。」景元元年，高貴鄉公被害。

元帝景元三年十一月壬寅，彗星見亢，色白，長五寸，〔二七〕轉北行，積四十五日滅。占曰：「爲兵喪。」一曰：「彗星見亢，天子失德。」四年，鍾會、鄧艾伐蜀，克之。二將反亂，皆誅。

咸熙二年五月，彗星見王良，長丈餘，色白，東南指，積十二日滅。占曰：「王良，天子御駟。彗星掃之，禪代之表，除舊布新之象也。白色爲喪。王良在東壁宿，又幷州之分野。」八月，文帝崩。十二月，武帝受魏禪。

武帝泰始四年正月丙戌，彗星見軫，青白色，西北行，又轉東行。占曰：「爲兵喪，軫又楚分野。」三月，皇太后王氏崩。十月，吳寇江夏、襄陽。五年九月，星孛于紫宮。占如上。紫宮，天子內宮。十年，武元楊皇后崩。十年十二月，有星孛于軫。占曰：「天下兵起，軫又楚分野。」

咸寧二年六月甲戌，星孛于氐。占曰：「天子失德易政。氐，又兗州分。」七月，星孛大角。大角爲帝坐。八月，星孛太微，至翼、北斗、三台。占曰：「太微，天子庭，大人惡之。」一曰：「有改王。翼，又楚分野。北斗主殺罰，三台爲三公。」三年正月，星孛于西方。三月，星孛于胃。胃，徐州分。四月，星孛女御。女御爲後宮。五月，又孛于東方。七月，星孛紫宮。占曰：「天下易主。」四年四月，蚩尤旗見東井。後二年，傾三方伐吳，是其應也。五年三月，星孛于柳。四月，又孛于女御。七月，孛于紫宮。占曰：「外臣陵主。柳，又三河分野。大角、太微、紫宮、女御並爲王者。」明年吳亡，是其應也。孛主兵喪。征吳之役，三河、徐、兗之兵悉出，交戰於吳楚之地，吳丞相都督以下梟戮十數，偏裨行陣之徒馘斬萬計，皆其徵也。

太康二年八月，有星孛于張。占曰：「爲兵喪。」十一月，星孛于軒轅。占曰：「後宮當之。」四年三月戊申，星孛于西南。是年，齊王攸、任城王陵、琅邪王伷、新都王該薨。八年九月，星孛于南斗，長數十丈，十餘日滅。占曰：「斗主爵祿，國有大憂。」一曰：「孛于斗，王者疾病，天下易政，大亂兵起。」

太熙元年四月，客星在紫宮。占曰：「爲兵喪。」太康末，武帝耽宴遊，多疾病。是月己酉，帝崩。永平元年，賈后誅楊駿及其黨與，皆夷三族，楊太后亦見弒。又誅汝南王亮、太保衞瓘、楚王瑋，王室兵喪之應也。

惠帝元康五年四月，有星孛于奎，至軒轅、太微，經三台、太陵。占曰：「奎爲魯，又爲庫兵，軒轅爲後宮，太微天子庭，三台爲三司，太陵有積尸死喪之事。」其後武庫火，西羌反。後五年，司空張華遇禍，賈后廢死，魯公賈謐誅。又明年，趙王倫篡位。於是三王興兵討倫，兵士戰死十餘萬人。

永康元年三月，妖星見南方。占曰：「妖星出，天下大兵將起。」是月賈后殺太子，趙王倫尋廢殺后，斬司空張華，又廢帝自立。於是三王並起，迭總天權。其十二月，彗星出牽牛之西，指天市。占曰：「牛者七政始，彗出之，改元易號之象也。天市一名天府，一名天子旗，帝坐在其中。」明年，趙王倫篡位，改元，尋爲大兵所滅。二年四月，彗星見齊分。占曰：「齊有兵喪。」是時，齊王冏起兵討趙王倫。倫滅，冏擁兵不朝，專權淫奢。明年，誅死。

太安元年四月，彗星晝見。二年三月，彗星見東方，指三台。占曰：「兵喪之象。三台爲三公。」三年正月，東海王越執太尉、長沙王乂，張方又殺之。

永興元年五月，客星守畢。占曰：「天子絕嗣。」一曰：「大臣有誅。」時諸王擁兵，其後惠帝失統，終無繼嗣。二年八月，有星孛于昴畢。占曰：「爲兵喪。昴畢又趙魏分野。」十月丁丑，有星孛于北斗。占曰：「璇璣更授，天子出走。」又曰：「强國發兵，諸侯爭權。」是後，諸王交兵，皆有應。明年，惠帝崩。

成帝咸和四年七月，有星孛于西北，犯斗，二十三日滅。占曰：「爲兵亂。」十二月，郭默殺江州刺史劉胤，荊州刺史陶侃討默，斬之。時石勒又始僭號。

咸康二年正月辛巳，彗星夕見西方，在奎。占曰：「爲兵喪。奎，又爲邊兵。」三年正月，石季龍僭天王位。四年，石季龍伐慕容皝，不克。旣退，皝追擊之，又破麻秋。時皝稱蕃，邊兵之應也。六年二月庚辰，有星孛于太微。七年三月，杜皇后崩。

康帝建元元年十一月六日，彗星見亢，長七尺，白色。占曰：「亢爲朝廷，主兵喪。」二年，康帝崩。

穆帝永和五年十一月乙卯，彗星見于亢。芒西向，色白，長一丈。六年正月丁丑，彗星又見于亢。占曰：「爲兵喪、疾疫。」其五年八月，褚裒北征，兵敗。十一月，冉閔殺石遵，又盡殺胡十餘萬人，於是中土大亂。十二月，褚裒薨。是年，大疫。

升平二年五月丁亥，彗星出天船，在胃。占曰：「爲兵喪，除舊布新。出天船，外夷侵。」

一曰：「爲大水。」四年五月，天下大水。五年，穆帝崩。

哀帝興寧元年八月，有星孛于角亢，入天市。案占曰：「爲兵喪。」三年正月，皇后王氏崩。二月，帝崩。三月，慕容恪攻沒洛陽，沈勁等戰死。

海西太和四年二月，客星見紫宮西垣，至七月乃滅。占曰：「客星守紫宮，臣弑主。」六年，桓溫廢帝爲海西公。

孝武寧康二年正月丁巳，〔二八〕有星孛于女虛，經氐、亢、角、軫、翼、張。至三月丙戌，彗星見於氐。九月丁丑，有星孛于天市。占曰：「爲兵喪。」太元元年七月，苻堅破涼州，虜張天錫。

太元十一年三月，客星在南斗，至六月乃沒。占曰：「有兵，有赦。」是後司、雍、兗、冀常有兵役。十二年正月大赦，八月又大赦。十五年七月壬申，有星孛于北河戍，經太微、三台、文昌，入北斗，色白，長十餘丈。八月戊戌，入紫宮乃滅。占曰：「北河戍一名胡門，胡有兵喪。掃太微，入紫微，王者當之。三台爲三公，文昌爲將相，將相三公有災。入北斗，諸侯戮。」一曰：「掃北斗，强國發兵，諸侯爭權，大人憂。」二十一年，帝崩。隆安元年，王恭、殷仲堪、桓玄等並發兵，表以誅王國寶爲名。朝廷順而殺之，并斬其從弟緒，司馬道子由是失勢，禍亂成矣。十八年二月，客星在尾中，至九月乃滅。占曰：「燕有兵喪。」二十年，慕容垂息寶伐魏，爲所破，死者數萬人。二十一年，垂死，國遂衰亡。二十年九月，有蓬星如粉絮，東南行，歷女虛，至哭星。占曰：「蓬星見，不出三年，必有亂臣戮死於市。」是時，王國寶交構朝廷。二十一年九月，帝崩。隆安元年，王恭等興兵，而朝廷殺王國寶、王緒。

安帝隆安四年二月己丑，有星孛于奎，長三丈，上至閣道、紫宮西蕃，入北斗魁，至三台，三月，遂經于太微帝坐端門。占曰：「彗星掃天子庭閣道，易主之象。」經三台入北斗。占同上條。十二月戊寅，有星孛于貫索、天市、天津。占曰：「貴臣獄死，內外有兵喪。天津爲賊斷，王道天下不通。」案占：「災在吳越。」五年二月，有孫恩兵亂，攻侵郡國。於是內外戒嚴，營陣屯守，栅斷淮口。九月，桓玄表至，逆旨陵上。其後玄遂篡位，亂京都，大饑，人相食，百姓流亡，皆其應也。

元興元年十月，有客星色白如粉絮，在太微西，至十二月入太微。占曰：「兵入天子庭。」二年十二月，桓玄篡位，放遷帝、后於尋陽，以永安何皇后爲零陵君。三年二月，劉裕盡誅桓氏。

義熙十一年五月甲申，彗星二出天市，掃帝坐，在房心北。房心，宋之分野。案占：「得彗柄者興，除舊布新，宋興之象。」十四年五月庚子，有星孛于北斗魁中。七月癸亥，彗星出太微西，柄起上相星下，芒漸長至十餘丈，進掃北斗、紫微、中台。占曰：「彗出太微，社稷亡，天下易王。」入北斗、紫微，帝宮空。」十四年，劉裕還彭城，受宋公。十二月，帝崩。

恭帝元年正月戊戌，有星孛于太微西蕃。占曰：「革命之徵。」其年，宋有天下。

星流隕

蜀後主建興十三年，諸葛亮帥大衆伐魏，屯于渭南。有長星赤而芒角，自東北西南流，投亮營，三投再還，往大還小。占曰：「兩軍相當，有大流星來走軍上及墜軍中者，皆破敗之徵也。」九月，亮卒于軍，焚營而退，羣帥交怨，多相誅殘。

魏明帝景初二年，宣帝圍公孫文懿於襄平。八月丙寅夜，有大流星長數十丈，白色有芒鬣，從首山東北流，墜襄平城東南。占曰：「圍城而有流星來走城上及墜城中者破。」又曰：「星墜，當其下有戰場。」又曰：「凡星所墜，國易姓。」九月，文懿突圍走，至星墜所被斬，屠城，坑其衆。

元帝景元四年六月，有大流星二並如斗，見西方，分流南北，光照地，隆隆有聲。案占：「流星爲貴使，星大者使大。」是年，鍾、鄧克蜀，二星蓋二帥之象。二帥相背，又分流南北之應。鍾會既叛，三軍憤怒，隆隆有聲，兵將怒之徵也。

武帝泰始四年七月，星隕如雨，皆西流。占曰：「星隕爲百姓叛。西流，吳人歸晉之象也。」二年，〔三九〕吳夏口督孫秀率部曲二千餘人來降。

太康九年八月壬子，星隕如雨。劉向傳云：「下去其上之象。」後三年，帝崩而惠帝立，天下自此亂矣。

惠帝元康四年九月甲午，枉矢東北行，竟天。　六年六月丙午夜，有枉矢自斗魁東南行。案占曰：「以亂伐亂。北斗主執殺，出斗魁，居中執殺者，不直之象也。」是後，趙王殺張、裴，廢賈后，以理太子之冤，因自篡盜，以至屠滅，以亂伐亂之應也。　一曰，氐帥齊萬年反之應也。

太安二年十一月辛巳，有星晝隕中天北下，光變白，有聲如雷。案占：「名曰營首。營首所在，下有大兵，流血。」明年，劉元海、石勒攻略幷州，多所殘滅。王浚起燕代，引鮮卑攻掠鄴中，百姓塗地。有聲如雷，怒之象也。

永興元年七月乙丑，星隕有聲。　二年十月，星又隕有聲。占同上。是後，遂亡中夏。

光熙元年五月，枉矢西南流。是時，司馬越西破河間兵，奉迎大駕，尋收繆胤、何綏等，肆無君之心，天下惡之。及死而石勒焚其屍柩，是其應也。

懷帝永嘉元年九月辛卯，〔三〇〕有大星如日，自西南流于東北，小者如斗，相隨，天盡赤，聲如雷。占曰：「流星爲貴使，星大者使大。」是年五月，汲桑殺東燕王騰，遂據河北。十一月，始遣和郁爲征北將軍，鎮鄴西。〔三一〕田甄等大破汲桑，斬于樂陵。於是以甄爲汲郡太守，弟蘭鉅鹿太守。小星相隨者，小將別帥之象也。司馬越忿魏郡以東平原以南皆黨於桑，以賞甄等，於是侵掠赤地。有聲如雷，忿怒之象也。四年十月庚子，大星西北墜，有聲。尋而帝蒙塵于平陽。

元帝太興三年四月壬辰，枉矢出虛、危，沒翼、軫。占曰：「枉矢所觸，天下之所伐。翼、軫，荊州之分野。」太寧二年，王敦殺譙王承及甘卓，而敦又梟夷，枉矢觸翼之應也。

永昌元年七月甲午，有流星大如甕，長百餘丈，青赤色，從西方來，尾分爲百餘岐，或散。時王敦之亂，百姓流亡之應也。

成帝咸康三年六月辛未，流星大如二斗魁，色青赤，光耀地，出奎中，沒婁北。案占：「爲饑，五穀不藏。」是月，大旱，饑。六年二月庚午朔，有流星大如斗，光耀地，出天市，西行入太微。占曰：「大人當之。」八年六月，成帝崩。

穆帝永和八年六月辛巳，日未入，有流星大如三斗魁，從辰巳上，東南行。晷度推之，在箕、斗之間，蓋燕分也。案占：「爲營首。營首之下，流血滂沱。」是時，慕容儁僭稱大燕，攻伐無已。十年四月癸未，流星大如斗，色赤黃，出織女，沒造父，有聲如雷。占曰：「燕齊有兵，百姓流亡。」其年十二月，慕容儁遂據臨漳，盡有幽、并、靑、冀之地。緣河諸將奔散，河津隔絕。慕容恪攻齊。

升平二年十一月，枉矢自東南流于西北，其長半天。四年十月庚戌，天狗見西南。占曰：「有大兵，流血。」

海西太和四年十月壬申，有大流星西下，有聲如雷。明年，遣使免袁眞爲庶人。桓溫征壽春，眞病死，息瑾代立，求救於苻堅。溫破苻堅軍。六年，壽春城陷。

孝武太元六年十月乙卯，有奔星東南經翼、軫，聲如雷。占曰：「楚地有兵，軍破，百姓流亡。」十二月，苻堅荆州刺史梁成、襄陽太守閻震率衆伐竟陵，桓石虔擊大破之，生擒震，斬首七千，獲生口萬人。聲如雷，將帥怒之象也。十三年閏月戊辰，天狗東北下，有聲。占曰：「有大戰，流血。」自是後，慕容垂、翟遼、姚萇、苻登、慕容永並阻兵爭强。十四年正月，彭城妖賊又稱僞號於皇丘，劉牢之破滅之。三月，張道破合鄉、太山，向欽之擊走之。

安帝隆安五年三月甲寅，流星赤色，衆多西行，經牽牛、虛、危、天津、閣道，貫太微、紫宮。占曰：「星庶人類，衆多西行，衆將西流之象。經天子庭，主弱臣强，諸侯兵不制。」其年五月，孫恩侵吳郡，殺內史。六月，至京口。於是內外戒嚴，營陣屯守，劉裕追破之。元興元年七月，大饑，人相食。浙江以東流亡十六七，吳郡、吳興戶口減半，又流奔而西者萬計。十月，桓玄遣將擊劉軌，破走之。軌奔青州。

雲氣

惠帝永興元年十二月壬寅夜，有赤氣亙天，砰隱有聲。二年十月丁丑，赤氣見北方，東西竟天。占曰：「並爲大兵。砰隱有聲，怒之象也。」是後，四海雲擾，九服交兵。光熙元年十二月甲申，有白氣若虹，中天北下至地，夜見五日乃滅。占曰：「大兵起。」明年，王彌起青徐，汲桑亂河北，毒流天下。

懷帝永嘉三年十一月乙亥，〔三〕有白氣如帶，出南北方各二，起地至天，貫參伐中。占曰：「天下大兵起。」四年三月，司馬越收繆胤等。又，三方雲擾，攻戰不休。五年三月，司馬越死於甯平城，石勒攻破其衆，死者十餘萬人。六月，京都焚滅，帝如虜庭。

愍帝建興元年十月己巳夜，有赤氣曜於西北。荆州刺史陶侃討杜弢之黨於石城，戰敗。

校勘記

〔一〕青龍二年　原作「三年」，宋志一作「二年」。據下文「是時諸葛亮據渭南」，則爲二年無疑。今據宋志一改。

〔二〕乙酉帝崩　是月庚寅朔，無乙酉。武、惠紀並作「己酉」。

〔三〕七月帝崩于寇庭　拾補：「七月」當作「七年」。

〔四〕喬球　斠校：宋志「喬球」作「高球」。

〔五〕三月丙戌　「三月」原作「二月」，宋志二作「三月」。二月己亥朔，無丙戌；三月己巳朔，丙戌十八日。今據宋志二改。

〔六〕正月辛亥　是月甲子朔，無辛亥。宋志二作「辛卯」，二十八日。

〔七〕金火尤甚　「火」，各本作「水」，宋本作「火」，今從宋本。

〔八〕四年七月丙申太白犯左執法至石季龍僭號稱皇帝尋死　周校：右數行舛亂重複，幾不可讀。此處「七月丙申」「甲寅」「丁巳」「乙丑」「十月甲辰」「十一月戊戌」六條宜刪併入「四年四月」文內，並校正其次第。

〔九〕二月辛卯　「二月」上原有「十」字。勞校：宋志無「十」字，下有六月，知宋志是也。按：十二月無辛卯，而二月辛卯爲初六，下甲午爲初九，日序亦合，因據刪。

〔一〇〕六月癸亥至當之　拾補：此十六字因下文而衍，但改「癸酉」爲「癸亥」耳。宋志無。按：六月丙寅朔，無癸亥，有癸酉，盧說是。

〔一一〕月奄氐角　宋志三「氐」作「左」，可從。

〔一二〕張道破合鄉　劉牢之傳「張道」作「張遇」，「合鄉」作「金鄉」。下同。

〔一三〕伐慕容寶於滑臺　勞校：「寶」當作「德」。

〔一四〕六月洛陽沒于寇　帝紀、宋志三「六月」作「十月」，是。

〔一五〕元年冬　各本「元年」上有「升平」二字，乃駁文，今據宋志四删。

〔一六〕九月甲子　斠注：「甲子」，宋志作「戊子」。按：九月己卯朔，無甲子。戊子爲十日。

〔一七〕乙卯　勞校：六月癸亥朔，無乙卯，當從宋志作「己卯」。

〔一八〕災在次相　宋志三「災」上有「占曰」二字。商榷、拾補皆謂此脱「占曰」。

〔一九〕災在豫州　「災」上疑脱「占曰」二字。

〔二〇〕劉蕃　安紀作「劉藩」。

〔二一〕十一月丙子　勞校：十一月甲辰朔，無丙子，當依宋志作「丙午」。

〔二二〕九月誅劉蕃謝混　「月」原作「年」，今據安紀、宋志三改。

〔二三〕十月裕討司馬休之　「月」，宋本、毛本、殿本俱作「年」，局本以下文「十年正月」，改作「月」。實則劉裕討休之在十一年三月，休之奔姚泓在十一年五月，無論作「十年」或「十月」皆不合。

〔二四〕三月癸巳　三月丙申朔，無癸巳，當依宋志三作「癸丑」。

〔二五〕二月庚午　「二月」原作「三月」，今依宋志三改作「二月」。三月無庚午，二月庚午爲十五日。

〔二六〕是年六月帝遜位于宋　「是年」，宋志三作「二年」，當從之。

〔二七〕長五寸　斠注：「五寸」宋志作「五丈」。

〔二八〕正月丁巳　「正月」當從孝武紀作「二月」。丁巳爲二月五日，正月無丁巳。

〔二九〕二年　斠注：上云泰始四年，此處「二年」上應有「後」字。

〔三〇〕九月辛卯　「辛卯」，懷紀作「辛亥」。九月戊申朔，無辛卯，有辛亥。

〔三一〕鎭鄴西　周校：「西」字衍文。懷紀無「西」字。

〔三二〕十一月乙亥　「十一月」，各本均作「十二月」，今從殿本作「十一月」。十二月乙未朔，無乙亥。乙亥爲十一月十一日。

晉書卷十四

志第四

地理上

總敍 司州 兗州 豫州 冀州 幽州 平州 幷州 雍州 涼州 秦州 梁州 益州 寧州

昔者元胎無象，太素流形，對越在天，以爲元首，則記所謂冬居營窟，夏居橧巢，飲血茹毛，未有麻絲者也。及燧人鑽火，庖犧出震，風宗下武，炎胤昌基，畫野無聞，其歸一揆。黃帝則東海南江，登空躡岱，至於崑峯振轡，崆山訪道，〔一〕存諸汗竹，不可厚誣。高陽任地依神，帝嚳順天行義。東踰蟠木，西濟流沙，北至幽陵，南撫交阯，日月所經，舟車所至，莫匪王臣，不踰茲域。帝堯時，禹平水土，以爲九州。虞舜登庸，厥功彌劭，表提類而分區宇，判山河而考疆域，冀北創幷部之名，燕齊起幽營之號，則書所謂肇十有二州，封十有二山者也。夏功在于唐堯，殷因無所損益。周武克商，自豐徂鎬。至成王時，改作禹貢，徐梁入於青雍，冀野析於幽并。職方掌天下之土，以周厥利；保章辯九州之野，皆有分星。東南曰揚州，正南曰荊州，河南曰豫州，正東曰青州，河東曰兗州，正西曰雍州，東北曰幽州，河內曰冀州，正北曰并州。始皇初并天下，懲忿戰國，削罷列侯，分天下爲三十六郡。三川、河東、南陽、南郡、九江、鄣郡、會稽、潁川、碭郡、泗水、薛郡、東郡、琅邪、齊郡、上谷、漁陽、右北平、遼西、遼東、代郡、鉅鹿、邯鄲、上黨、太原、雲中、九原、雁門、上郡、隴西、北地、漢中、巴郡、蜀郡、黔中、長沙，凡三十五郡，與內史爲三十六郡也。於是興師踰江，平取百越，又置閩中、南海、桂林、象郡，凡四十郡，郡一守焉。其地則西臨洮而北沙漠，東縈西帶，皆臨大海。漢祖龍興，革秦之弊，分內史爲三部，更置郡國二十有三，桂陽、江夏、豫章、河內、魏郡、東海、楚國、平原、梁國、定襄、泰山、汝南、淮陽、千乘、東萊、燕國、清河、信都、常山、中山、渤海、廣漢、涿郡，合二十三也。三內史者，河上、渭南、中地也。地理志曰：高祖增二十六，武帝改河上、渭南、中地以爲京兆、馮翊、扶風，是爲三輔也。文增厥九，廣平、城陽、淄川、濟南、膠西、膠東、河間、廬江、衡山，武帝改衡山曰六安。景加其四。濟北、濟陰、山陽、北海也。宣改濟北曰東平。武帝開越攘胡，初置十七，南海、蒼梧、鬱林、合浦、交阯、九眞、日南、珠崖、儋耳九郡，平西南夷置牂柯、越巂、沈黎、汶山、犍爲、益州六郡，西置武都郡，又分立零陵郡，合十七郡。拓土分疆，又增十四。弘農、臨淮、西河、朔方、酒泉、陳留、安定、天水、玄菟、樂浪、廣陵、敦煌、武威、張掖。昭帝少事，又增其一。金城也。至平帝元始二年，凡新置郡國七十有一，與秦四十，合一百一十有一。改雍曰涼，改梁曰益，又置徐州，復夏舊號，南置交阯，北有朔方，凡爲十三部。涼、益、荆、揚、青、豫、兗、徐、幽、并、冀十一州，交阯、朔方二刺史，合十三部。光武投戈之歲，在彫秏之辰，郡國蕭條，并省者八。城陽、淄川、高密、膠東、六安、眞定、泗水、廣陽。建武十一年，省州牧，復爲刺史，員十三人，各掌一州。明帝置一，永昌也。章帝置二，任城、吳郡。和順改作，其名有九。和置濟北、廣陽，順改淮陽爲陳，改楚爲彭城，濟東爲東平，臨淮爲下邳，千乘爲六安，信都爲安平，天水爲漢陽。省朔方刺史，合之於司隸，凡十三部，其與西漢不同者，司隸校尉部郡治河南，朔方隸於并部。而郡國百有八焉。省前漢八，分置五，改舊名七，因舊九十六，少前漢三也。桓靈頗增於前，復置六郡。桓，高陽、高涼、博陵；靈，南安、鄱陽、廬陵。魏武定霸，三方鼎立，生靈版蕩，關洛荒蕪，所置者十二，新興、樂平、西平、新平、略陽、陰平、帶方、譙、樂陵、章武、南鄉、襄陽。所省者七，上郡、朔方、五原、雲中、定襄、漁陽、廬江。而文帝置七，朝歌、陽平、弋陽、魏興、新城、義陽、〔三〕安豐。明及少帝增二，明，上庸也；少，平陽也。得漢郡者五十四焉。蜀先主於漢建安之間初置郡九，巴東、巴西、梓潼、江陽、汶山、漢嘉、朱提、宕渠、涪陵。後主增二，雲南、興古。得漢郡者十有一焉。吳主大皇帝初置郡五，臨賀、武昌、珠崖、新安、廬陵南部。少帝、景帝各四，少，臨川、臨海、衡陽、湘東。景，天門、建安、建平、合浦北部。歸命侯亦置十有二郡，始安、始興、邵陵、安成、新昌、武平、九德、吳興、東陽、桂林、滎陽、宜都。得漢郡者十有八焉。

晉武帝太康元年，既平孫氏，凡增置郡國二十有三，滎陽、上洛、頓丘、臨淮、東莞、襄城、汝陰、長廣、廣甯、昌黎、新野、隨郡、陰平、義陽、毗陵、宣城、南康、晉安、寧浦、始平、略陽、樂平、南平。省司隸置司州，別立梁、秦、寧、平四州，仍吳之廣州，凡十九州，司、冀、兗、豫、荆、徐、揚、青、幽、平、幷、雍、涼、秦、梁、益、寧、交、廣州。郡國一百七十三，仍吳所置二十五，仍蜀新置十一，仍魏所置二十一，仍漢舊九十三，置二十三。以爲冠帶之國，盡有殷周之土。若乃敦龐於天地之始，昭晰於犧農之世，用長黎元，未爭疆埸。而玉環楛矢，衷裘風駕，南翬表貺，東風入律，光乎上德，奚遠弗臻。然則星象麗天，山河紀地，端揆裁其弘敞，崤函判其都邑，仰觀俯察，萬物攸歸。是以洛汭咸陽，宛然秦漢，晉濱河西，同知堯禹，于茲新邑，宅是鎬京，五尺童子皆能口誦者，史官弗之書也。

昔庖犧氏生於成紀，而爲天子，都於陳。神農氏都陳，而別營于曲阜。黃帝生於壽丘，而都於涿鹿。少昊始自窮桑，而遷都曲阜。顓頊始自窮桑，而徙邑商丘。高辛卽號，建都于亳。孫卿子曰：「不登高山，不知天之高；不臨深谿，不知地之厚也。」大哉坤象，萬物資生，載崑華而不墜，傾河海而寧泄。考卜惟王，乘飛駐軫，睨嶮山而鐫勒，覽會城以爲玩。時逢稽浸，道接陵夷，平王東遷，星離豆剖，當塗馭寓，瓜分鼎立。世祖武皇帝接千祀之餘，當八堯之禪，先王桑梓，罄宇來歸，斯固可得而言者矣。惠皇不虞，中州盡棄，永嘉南度，綸行建鄴，九分天下而有二焉。

昔大禹觀於濁河而受綠字，寰瀛之內可得而言也。天有七星，地有七表；天有四維，地有四瀆。八紘之外，名爲八極。地不足東南，天不足西北。八極之廣，東西二億三萬一千三百里，南北二億三萬一千三百里。自地至天，半八極之數，自下亦如之。昔黄帝令豎亥步自東極，至于西極，五億十萬九千八百八步。史臣案，凡周天積百七萬九百一十三里，徑三十五萬六千九百七十里。所謂南北爲經，東西爲緯。天有十二次，日月之所躔；地有十二辰，王侯之所國也。或因生得姓，因功命土，祁、酉、燕、齊，在乎茲域。

昔黄帝旁行天下，方制萬里，得百里之國萬區，則周易所謂「首出庶物，萬國咸寧」者也。昔在帝堯，叶和萬邦，制八家爲鄰，三鄰爲朋，三朋爲里，五里爲邑，十邑爲都，十都爲師，州十有二師焉。夏后氏東漸于海，西被于流沙，南浮于江，而朔南暨聲教，窮豎亥所步，莫不率俾，會羣臣於塗山，執玉帛者萬國。於是九州之內，作爲五服。天子之國，內五百里甸服，百里賦納總，二百里納銍，三百里納秸服，四百里粟，五百里米。甸服外五百里侯服，百里采，二百里任，三百里侯。侯服外五百里綏服，三百里揆文敎，二百里奮武衞。綏服外五百里要服，三百里夷，二百里蔡。要服外五百里荒服，三百里蠻，二百里流。訖于四海，弼成五服，五服至于五千里。夏德中微，遇有窮之亂。少康中興，不失舊物。自孔甲之後，以至于桀，諸侯相兼，其能存者三千餘國，方於塗山，十損其七矣。成湯敗桀於焦，遷鼎於亳，伊摯、仲虺之徒，大明憲典。王者之制爵祿，公侯伯子男凡五等。天子之田方千里，公侯田方百里，伯七十里，子男五十里。不能五十里者，不達於天子，附於諸侯，曰附庸。凡四海之內九州，州方千里。州建百里之國三十，七十里之國六十，五十里之國百有二十，凡二百一十國。名山大澤不以封，其餘以爲附庸閒田。八州，州二百一十國。天子之縣內，百里之國九，七十里之國二十有一，五十里之國六十有三，凡九十三國。名山大澤不以班，其餘以祿士，以爲閒田。凡九州，千七百七十三國。天子之元士，諸侯之附庸，不與。天子百里之內以供官，千里之內以爲御，千里之外設方伯。五國以爲屬，屬有長；十國以爲連，連有帥；三十國以爲卒，卒有正；二百一十國以爲州，州有伯。八州，八伯，五十六正，百六十八帥，三百三十六長。八伯各以其屬屬於天子之老二人，分天下爲左右，曰二伯。千里之內曰甸，千里之外曰采，曰流。天子使其大夫爲三監，監於方伯之國，國三人。天子之縣，內，諸侯祿也；外，諸侯嗣也。武王歸豐，監於二代，設爵惟五，分土惟三。封同姓五十餘國，周公、康叔建於魯衞，各數百里。太公封於齊，表東海者也。凡一千八百國，布列於五千里內。而太昊、黃帝之後，唐虞侯伯猶存。大司徒以諸公之地封疆方五百里，其食者半；諸侯之地方四百里，其食者參之一；諸伯之地方三百里，其食者參之一；諸子之地方二百里，其食者四之一；諸男之地方百里，其食者四之一。不易之地家百畝，一易之地家二百畝，再易之地家三百畝。五家爲比，使之相保；五比爲閭，使之相受；四閭爲族，使之相葬；

五族爲黨，使之相救；五黨爲州，使之相賙；五州爲鄉，使之相賓。小司徒以五人爲伍，五伍爲兩，四兩爲卒，五卒爲旅，五旅爲師，五師爲軍。以起軍旅，以作田役，以比追胥，以令貢賦。乃經土地而井牧其田野，九夫爲井，四井爲邑，四邑爲丘，四丘爲甸，四甸爲縣，四縣爲都。遺人則十里有廬，廬有飲食。三十里有宿，宿有路室，路室有委。五十里有市，市有候，候有館，館有積。遂人則五家爲鄰，五鄰爲里，四里爲酇，五酇爲鄙，五鄙爲縣，五縣爲遂。大司馬以九畿之籍，施邦國之政。方千里曰國畿，其外方五百里曰侯畿，又其外方五百里曰甸畿，又其外方五百里曰男畿，又其外方五百里曰采畿，又其外方五百里曰衞畿，又其外方五百里曰蠻畿，又其外方五百里曰夷畿，又其外方五百里曰鎮畿，又其外方五百里曰藩畿。畿，田限也。自王城以外，面五千里爲界，有分限者九也。于時治致太平，政稱刑措，民口千三百七十一萬四千九百三十三，蓋周之盛者也。其衰也，則禮樂征伐出自諸侯，强吞弱而衆暴寡。春秋之初，尚有千二百國；迄獲麟之末，二百四十二年，弑君三十六，亡國五十二，諸侯奔走不得保其社稷者不可勝數，而見於春秋經傳者百有七十國焉。百三十九知其所居，魯、邾、鄭、宋、紀、衞、西虢、莒、齊、陳、杞、蔡、邢、郕、晉、薛、許、鄧、秦、曹、楚、隨、黄、梁、虞、鄅、小邾、徐、燕、鄀、麇、舒、庸、郯、萊、吳、越、有窮、三苗、瓜州、有虞、東虢、共、宿、申、夷、向、南燕、滕、凡、戴、息、郜、芮、魏、淳于、穀、巴、州、蓼、羅、賴、牟、葛、譚、蕭、遂、滑、權、鄣、霍、耿、江、冀、弦、道、柏、微、鄫、厲、項、密、任、須句、顓臾、頓、管、雍、畢、豐、邘、應、蔣、茅、胙、夔、介、焦、沈、六、巢、根牟、唐、黎、郇、瑕、寒、有鬲、斟灌、斟尋、過、有過、戈、偪陽、邿、鑄、豕韋、唐杜、楊、幽、鄶、觀、扈、邳、胡、黎、大庭、駘、岐、邶、鍾吾、蒲姑、昆吾、房、密須、甲父、鄅、桐、亳、韓、趙。三十一國盡亡其處，祭、極、荀、賈、貳、軫、絞、於餘丘、陽、箕、英氏、毛、聃、莘、偪、封父、仍、有仍、崇、鄣、庸、姺、奄、商奄、褒、姒、薜、有緡、闕鞏、郾、駿、窮桑。蠻夷戎狄不在其間。五伯迭興，總其盟會。陵夷至于戰國，遂有七王，韓、魏、趙、燕、齊、秦、楚。又有宋、衞、中山，不斷如綫，如三晉篡奪，亦稱孤也。

司馬法廣陳三代，曰：古者六尺爲步，步百爲畝，畝百爲夫，夫三爲屋，屋三爲井。井方一里，是爲九夫，八家共之。一夫一婦受私田百畝，公田十畝，是爲八百八十畝，餘二十畝爲廬舍，出入相友，守望相助，疾病相救。民受田，上田夫百畝，中田夫二百畝，下田夫三百畝，歲受耕之，爰自其處。其家衆男爲餘夫，亦以口受田如此。士工商家受田，五口乃當農夫一口。有賦有稅，稅謂公田什一及工商衡虞之入也，賦供車馬甲兵士從之役。民年二十受田，六十歸田。種穀必雜五種，以備災旱。田中不得有樹，以妨五穀。環廬種桑柘，菜茹有畦，瓜瓠果蓏植於疆埸，雞豘狗豕無失其時。閭有序，鄉有庠，序以明教，庠以行禮。司馬之法，官設六軍之衆，因井田而制軍令。地方一里爲井，井十爲通，通十爲成，成方十里。成十爲終，終十爲同，同方百里。同十爲封，封十爲畿，畿方千里。故井四爲邑，邑四爲丘，丘十六井，有戎馬一匹，牛三頭。四丘爲甸，甸六十四井也，有戎馬四匹，兵車一乘，牛十二頭，甲士三人，卒七十二人。是謂乘車之制。一同百里，提封萬井，除山川、坑岸、城池、邑居、園囿、街路三千六百井，定出賦六千四百井，戎馬四百匹，兵車百乘，此卿大夫采地之大者也，是謂百乘之家。一封三百六十六里，提封十萬井，定出賦六萬四千井，戎馬四千匹，兵車千乘，此謂諸侯之大者也，謂之千乘之國。天子畿內方千里，提封百萬井，定出賦六十四萬井，戎馬四萬匹，兵車萬乘，戎卒七十二萬人，故天子稱萬乘之主焉。

秦始皇既得志於天下，訪周之敗，以爲處士橫議，諸侯尋戈，四夷交侵，以弱見奪，於是削去五等焉。漢興，創艾亡秦孤立而敗，於是割裂封疆，立爵二等，功臣侯者百有餘邑。于時民罹秦項，戶口彫弊，大侯不過萬家，小者五六百戶，而尊王子弟，大啓九國。古者有分土而無分民，若乃大者跨州連郡，小則十有餘城，以戶口爲差降，略封疆之遠近，所謂分民自漢始也。起雁門以東，盡遼陽，爲燕代。常山以南，太行左轉，渡河濟，漸于海，爲齊趙。穀泗以注，奄有龜蒙，爲梁楚。東帶江湖，薄會稽，爲荆吳。北界淮瀕，略廬衡，爲淮南。波漢之陽，亙九疑，爲長沙。諸侯比境，周帀三垂，外接胡越。天子自有三河、東郡、潁川、南陽，自江陵以西至巴蜀，北至雲中，西至隴西，與京師內史，凡十五郡。文帝采賈生之議分齊趙，景帝用朝錯之計削吳楚。武帝施主父之册，下推恩之令，使諸侯王得分戶邑以封子弟，不行黜陟，而藩國自析。自此以來，齊分爲七，趙分爲六，梁分爲五，淮南分爲三。皇子始立者大國不過十餘城，長沙、燕、代雖有舊名，皆亡南北邊矣。自文景與民休息，至平帝元始二年，民戶千二百二十三萬三千六十二，口五千九百五十九萬四千九百七十八，其地東西九千三百二里，南北萬三千三百六十八里。大率十里一亭，亭有長。十亭一鄉，鄉有三老，有秩、嗇夫、游徼各一人。縣大率方百里，民稠則減，稀則曠，鄉、亭亦如之。皆秦制也。光武中興，不踰前制，東海王彊以去就有禮，故優以大封，兼食魯郡二十九縣，其餘稱爲寵錫者，兼一郡而已。至桓帝永壽三年，戶千六十七萬七千九百六十，口五千六百四十八萬六千八百五十六，〔三〕斯亦戶口之滋殖者也。獻帝建安元年拜曹操爲鎭東將軍，封費亭侯。魏文帝黃初三年，初制封王之庶子爲鄉公，嗣王之庶子爲亭侯，〔四〕公侯之庶子爲亭伯。劉備章武元年，亦以郡國封建諸王，或遙採嘉名，不由檢土地所出。其戶二十萬，男女口九十萬。孫權赤烏五年，亦取中州嘉號封建諸王。其戶五十二萬三千，男女口二百四十萬。晉文帝爲晉王，命裴秀等建立五等之制，惟安平郡公孚邑萬戶，制度如魏諸王。其餘縣公邑千八百戶，地方七十五里；大國侯邑千六百戶，地方七十里；次國侯邑千四百戶，地方六十五里；大國伯邑千二百戶，地方六十里；次國伯邑千戶，地方五十五里；大國子邑八百戶，地方五十里；次國子邑六百戶，地方四十五里；男邑四百戶，地方四十里。〔五〕武帝泰始元年，封諸王以郡爲國。邑二萬戶爲大國，置上中下三軍，兵五千人；邑萬戶爲次國，置上軍下軍，兵三千人；五千戶為小國，置一軍，兵千五百人。王不之國，官於京師。罷五等之制，公侯邑萬戶以上為大國，五千戶以上為次國，不滿五千戶為小國。太康元年，平吳，大凡戶二百四十五萬九千八百四十，口一千六百一十六萬三千八百六十三。而江左諸國並三分食一，元帝渡江，太興元年，始制九分食一。

司州。案禹貢豫州之地。及漢武帝，初置司隸校尉，所部三輔、三河諸郡。其界西得雍州之京兆、馮翊、扶風三郡，北得冀州之河東、河內二郡，東得豫州之弘農、河南二郡，郡凡七。位望隆于牧伯，〔六〕銀印青綬。及光武都洛陽，司隸所部與前漢不異。魏氏受禪，即都漢宮，司隸所部河南、河東、河內、弘農并冀州之平陽，合五郡，置司州。晉仍居魏都，乃以三輔還屬雍州，分河南立滎陽，分雍州之京兆立上洛，廢東郡立頓丘，遂定名司州，以司隸校尉統之。州統郡一十二，縣一百，戶四十七萬五千七百。〔七〕

河南郡漢置。統縣十二，戶一十一萬四千四百。置尹。

洛陽置尉。五部、三市。東西七里，南北九里。東有建春、東陽、清明三門，南有開陽、平昌、宣陽、建陽四門，西有廣陽、西明、閶闔三門，北有大夏、廣莫二門。司隸校尉、河南尹及百官列城內也。　河南周東都王城郟鄏也。　鞏周孝王封周桓公孫惠公於鞏，號東周，故戰國時有東、西周號。芒山、首陽其界也。　河陰　新安函谷關所居。　成皋有關，鄭之武牢。緱氏有劉聚，周大夫劉子邑。有延壽城、仙人祠。陽城有鄂阪關。此邑是爲地中，夏至景尺五寸。有陽城山、箕山，許由墓在焉。新城有延壽關。故戎蠻子之國。陸渾故蠻子國，楚莊王伐陸渾是也。梁戰國時謂爲南梁，別少梁也。陽翟

滎陽郡泰始二年置。統縣八，戶三萬四千。

滎陽地名敖，秦置敖倉者。京鄭太叔段所居。密故周畿內。卷有博浪長沙，張良擊秦始皇處。〔八〕陽武　苑陵

中牟六國時，趙獻侯都。開封宋蓬池在東北，或曰蓬澤。

弘農郡漢置。統縣六，戶一萬四千。

弘農本函谷關。漢武帝遷於新安縣。湖故曰胡，漢武更名湖。陝故虢國，周分陝東西，二相主之。宜陽　黽池

華陰華山在縣南。

上洛郡泰始二年，分京兆南部置。〔九〕統縣三，戶萬七千。

上洛嶢關在縣西北。商秦相衞商鞅邑。盧氏熊耳山在東，伊水所出。

平陽郡故屬河東，魏分立。統縣十二，戶四萬二千。

平陽舊堯都。侯國。楊故楊侯國。端氏韓、魏、趙既爲諸侯，以端氏封晉君也。永安故霍伯國。霍山在東。蒲子　狐讘　襄陵公國相。絳邑晉武公自曲沃徙此。濩澤析城山在西南。臨汾公國相。北屈壺口山在東南。有南屈，故稱北。皮氏故耿國。

河東郡秦置。統縣九，戶四萬二千五百。

安邑舊舜都。　聞喜故曲沃。晉武公自晉陽徙此。　垣王屋山在東北，洮水所出。　汾陽公國相。〔一〇〕　大陽吳山在西。周武王封西周太伯後於此。　猗氏古猗頓城。　解有鹽池。　蒲坂有歷山，舜所耕也。有雷首山，夷齊居其陽，所謂首陽山。　河北

汲郡泰始二年置。統縣六，戶三萬七千。

汲有銅關。　朝歌紂所都。　共故國。北山，淇水所出。　林慮　獲嘉故汲新中鄉。漢武帝行過時，獲呂嘉首，因改名。　修武晉所啓南陽，秦改名修武。

河內郡漢置。統縣九，戶五萬二千。

野王太行山在西北。　州故晉邑。　懷　平皋邢侯自襄國徙此。　河陽　沁水　軹故周原邑。　山陽　溫故國也，蘇忿生封。

廣平郡魏置。統縣十五，戶三萬五千二百。

廣平　邯鄲秦置爲郡。　易陽　武安　涉　襄國故邢侯國都。　南和　任　曲梁　列人　肥鄉　臨水　廣年侯相。　斥漳　平恩

陽平郡魏置。統縣七，戶五萬一千。

元城漢元后生邑。　館陶　清泉〔一一〕　發干　東武陽　陽平　樂平

魏郡漢置。統縣八，戶四萬七百。

鄴魏武受封居此。　長樂　魏　斥丘　安陽　蕩陰　內黃黃池在西。　黎陽故黎侯國。

頓丘郡泰始二年置。統縣四，戶六千三百。

頓丘　繁陽　陰安　衞

永嘉之後，司州淪沒劉聰。聰以洛陽爲荆州，及石勒，復以爲司州。石季龍又分司州之河南、河東、弘農、滎陽，兗州之陳留、東燕爲洛州。元帝渡江，亦僑置司州於徐，非本所也。後以弘農人流寓尋陽者僑立爲弘農郡。又以河東人南寓者，於漢武陵郡孱陵縣界上明地僑立河東郡，統安邑、聞喜、永安、臨汾、弘農、譙、松滋、大戚八縣。〔一二〕並寄居焉。永和五年，桓溫入洛，復置河南郡，屬司州。

兗州。案禹貢濟河之地，舜置十二牧，則其一也。周禮：「河東曰兗州。」春秋元命包云：「五星流爲兗州。兗，端也，〔一三〕信也。」又云：「蓋取兗水以名焉。」漢武帝置十三州，以舊名爲兗州，自此不改。州統郡國八，縣五十六，戶八萬三千三百。

陳留國漢置。統縣十，戶三萬。魏武帝封。〔一四〕

小黃　浚儀有洪溝，漢高祖項羽欲分處。　封丘　酸棗烏巢地在東南。　濟陽　長垣故匡城，孔子所厄也。

雍丘故杞國。　尉氏　襄邑　外黄

濮陽國故屬東郡，晉初分東郡置。統縣四，戶二萬一千。

濮陽古昆吾國。師延爲紂作靡靡之樂，旣而投此水。公國相。　廩丘公國相。有羊角城。　白馬有瓠子堤。　鄄城公國相。

濟陰郡〔一五〕漢置。統縣九，戶七千六百。

定陶漢高祖封彭越爲梁王，都此。　乘氏故侯國。　句陽　離狐　宛句〔一六〕　己氏　成武有楚丘亭。　單父故侯國。　城陽舜所漁，堯冢在西。

高平國故屬梁國，晉初分山陽置。統縣七，戶三千八百。

昌邑侯相。有甲父亭。　鉅野魯獲麟所。　方與　金鄉　湖陸〔一七〕　高平侯國。　南平陽侯國。有漆亭。

任城國漢置。統縣三，戶一千七百。

任城古任國。　亢父　樊

東平國漢置。統縣七，戶六千四百。

須昌　壽張有蚩尤祠。　范　無鹽　富城　東平陸　剛平

濟北國漢置。統縣五，戶三千五百。

盧扁鵲所生。縣西有石門。　臨邑　東阿　穀城有烏下聚。〔一八〕　蛇丘有下讙亭。

泰山郡漢置。統縣十一，戶九千三百。

奉高西南有明堂。　博有龜山。　嬴　南城〔一九〕　梁父侯國。有菟裘聚。　山茌茌山在東北。　新泰故曰平陽。　南武陽有顓臾城。　萊蕪有原山。　牟〔二〇〕故牟國。　鉅平有陽關亭。

惠帝之末，兗州闔境淪沒石勒。後石季龍改陳留郡爲建昌郡，屬洛州。是時遺黎南渡，元帝僑置兗州，寄居京口。明帝以郗鑒爲刺史，寄居廣陵，置濮陽、濟陰、高平、太山等郡。後改爲南兗州，或還江南，或居盱眙，或居山陽。後始割地爲境，常居廣陵，南與京口對岸。咸康四年，於北譙界立陳留郡。安帝分廣陵郡之建陵、臨江、如皋、寧海、蒲濤五縣置山陽郡，屬南兗州。

豫州。案禹貢爲荆河之地。周禮：「河南曰豫州。」豫者舒也，言稟中和之氣，性理安舒也。春秋元命包云：「鈎鈐星別爲豫州。」地界，西自華山，東至于淮，北自濟，南界荆山。秦兼天下，以爲三川、河東、南陽、潁川、碭、泗水、薛七郡。漢改三川爲河南郡，武帝置十三州，豫州舊名不改，以河南、河東二郡屬司隸，又以南陽屬荆州。先是，改泗水曰沛郡，改碭郡曰梁，改薛曰魯，分梁沛立汝南郡，分潁川立淮陽郡。後漢章帝改淮陽曰陳郡。魏武分沛立譙郡，魏文分汝南立弋陽郡。及武帝受命，又分潁川立襄城郡，分汝南立汝陰郡，合陳郡于梁國。州統郡國十，縣八十五，戶十一萬六千七百九十六。

潁川郡秦置。統縣九，戶二萬八千三百。

許昌漢獻帝都許。魏禪，徙都洛陽，許宮室武庫存焉，改爲許昌。　長社　潁陰　臨潁公國相。　郾　邵陵公國相。　鄢陵公國相。　新汲　長平

汝南郡漢置。統縣十五，戶二萬一千五百。

新息　南安陽　安成侯相。　慎陽　北宜春　朗陵　陽安故江國。有江亭。　上蔡　平輿故沈子國。有沈亭。　定潁　濯陽　南頓　汝陽　吳房故房子國。　西平故柏國。有龍泉，水可用淬刀劍。

襄城郡泰始二年置。統縣七，戶一萬八千。

襄城侯相。有西不羹城。　繁昌魏文受禪於此。　郟　定陵侯相。　父城侯相。　昆陽公國相。　舞陽宣帝始封此邑。

汝陰郡魏置郡，後廢，泰始二年復置。統縣八，戶八千五百。

汝陰故胡子國。　慎故楚邑。　原鹿　固始　鮦陽　新蔡　宋侯相。　褒信

梁國漢置。統縣十二，戶一萬三千。

睢陽春秋時宋都。　蒙　虞　下邑有碭山，山有文石。　寧陵故葛伯國。　穀熟　陳　項　長平〔三〕　陽夏　武平　苦東有賴鄉祠，老子所生地。

沛國漢置。統縣九，戶五千九十六。

相　沛漢高祖所起處。　豐　竺邑〔二二〕　符離　杼秋　洨　虹　蕭

譙郡魏置。統縣七，戶一千。

譙　城父　酇　山桑　龍亢　蘄　銍

魯郡漢置。統縣七，戶三千五百。

魯曲阜之地，魯侯伯禽所居。　汶陽　卞　鄒有繹山。　蕃故小邾之國。〔二三〕　薛奚仲所封。　公丘

弋陽郡魏置。統縣七，戶一萬六千七百。

西陽故弦子國。　軑　蘄春　邾　西陵　期思　弋陽

安豐郡魏置。統縣五，戶一千二百。

安風　雩婁　安豐侯相。　蓼　松滋侯相。

惠帝分汝陰立新蔡，分梁國立陳郡，分汝南立南頓。永嘉之亂，豫州淪沒石氏。元帝渡江，以春穀縣僑立襄城郡及繁昌縣。成帝乃僑立豫州於江淮之間，居蕪湖。時淮南入北，乃分丹楊僑立淮南郡，居于湖。又以舊當塗縣流人渡江，僑立爲縣，幷淮南、廬江、安豐並屬豫州。寧康元年，移鎮姑孰。孝武改蘄春縣爲蘄陽縣，因新蔡縣人於漢九江王黥布舊城置南新蔡郡，屬南豫州。又於漢廬江郡之南部置晉熙郡。

冀州。案禹貢、周禮並爲河內之地，舜置十二牧，則其一也。春秋元命包云：「昴畢散爲冀州，分爲趙國。」其地有險有易，帝王所都，亂則冀安，弱則冀强，荒則冀豐。舜以冀州南北闊大，分衞以西爲幷州，燕以北爲幽州，周人因焉。及漢武置十三州，以其地依舊名爲冀州，歷後漢至晉不改。州統郡國十三，縣八十三，〔三〕戶三十二萬六千。

趙國漢置。統縣九，戶四萬二千。

房子　元氏　平棘　高邑公國相。　中丘　柏人　平鄉　下曲陽故鼓子國。　鄗

鉅鹿國秦置。統縣二，戶一萬四十。

廮陶　鉅鹿

安平國漢置。統縣八，戶二萬一千。

信都　下博　武邑　武遂　觀津侯相。　扶柳　廣宗侯國。　經

平原國漢置。統縣九，戶三萬一千。

平原　高唐　茌平　博平　聊城　安德　西平昌　般　鬲

樂陵國漢置。統縣五，戶三萬三千。

厭次　陽信　漯沃　新樂　樂陵有都尉居。

勃海郡漢置。統縣十，戶四萬。

南皮　東光　浮陽　饒安　高城　重合　東安陵　蓨　廣川侯相。　阜城

章武國泰始元年置。統縣四，戶一萬三千。

東平舒　文安　章武　束州

河間國漢置。統縣六，戶二萬七千。

樂城侯相。　武垣　鄚侯相。　易城〔三五〕　中水　成平

高陽國泰始元年置。統縣四，戶七千。

博陸　高陽　北新城侯相。　蠡吾

博陵郡漢置。統縣四，戶一萬。

安平　饒陽　南深澤　安國

清河國漢置。統縣六，戶二萬二千。

清河　東武城　繹幕侯相。　貝丘　靈　鄃

中山國漢置。統縣八，戶三萬二千。

盧奴　魏昌　新市　安喜　蒲陰　望都　唐　北平

常山郡漢置。統縣八，戶二萬四千。

眞定　石邑　井陘　上曲陽恒山在縣西北，有坂號飛狐口。　蒲吾　南行唐　靈壽　九門侯相。

惠帝之後，冀州淪沒於石勒。勒以太興二年僭號於襄國，稱趙。後爲慕容儁所滅，慕容氏又爲苻堅所滅。孝武太元八年，堅敗，其地入慕容垂。垂僭號於中山，是爲後燕。後燕卒滅於魏。

幽州。案禹貢冀州之域，舜置十二牧，則其一也。周禮：「東北曰幽州。」春秋元命包云：「箕星散爲幽州，分爲燕國。」言北方太陰，故以幽冥爲號。武王定殷，封召公於燕，其後與六國俱稱王。及秦滅燕，以爲漁陽、上谷、右北平、遼西、遼東五郡。漢高祖分上谷置涿郡。武帝置十三州，幽州依舊名不改。其後開東邊，置玄菟、樂浪等郡，亦皆屬焉。元鳳元年，改燕曰廣陽郡。幽州所部凡九郡，至晉不改。幽州統郡國七，縣三十四，戶五萬九千二十。

范陽國漢置涿郡。魏文更名范陽郡。武帝置國，封宣帝弟子綏爲王。統縣八，戶一萬一千。

涿　良鄉　方城　長鄉　遒　故安　范陽　容城侯相。

燕國漢置，孝昭改爲廣陽郡。統縣十，戶二萬九千。

薊　安次侯相。　昌平　軍都有關。　廣陽　潞　安樂國相。蜀主劉禪封此縣公。　泉州侯相。　雍奴

狐奴

北平郡秦置。統縣四，戶五千。

徐無　土垠　俊靡　無終

上谷郡秦置，郡在谷之上頭，故因名焉。統縣二，戶四千七十。

沮陽　居庸

廣甯郡故屬上谷，太康中置郡，都尉居。統縣三，戶三千九百五十。

下洛　潘　涿鹿

代郡秦置。統縣四，戶三千四百。

代　廣昌　平舒　當城

遼西郡秦置。統縣三，戶二千八百。

陽樂　肥如　海陽

惠帝之後，幽州沒於石勒。及穆帝永和五年，慕容儁僭號於薊，是爲前燕。七年，儁移都於鄴。儁死，子暐爲苻堅所滅。堅敗，地復入慕容垂，是爲後燕。垂死，寶遷于和龍。

平州。案禹貢冀州之域，於周爲幽州界，漢屬右北平郡。後漢末，公孫度自號平州牧。

及其子康、康子文懿並擅據遼東，東夷九種皆服事焉。魏置東夷校尉，居襄平，而分遼東、昌黎、玄菟、帶方、樂浪五郡爲平州，後還合爲幽州。及文懿滅後，有護東夷校尉，居襄平。咸寧二年十月，分昌黎、遼東、玄菟、帶方、樂浪等郡國五置平州。統縣二十六，戶一萬八千一百。〔二六〕

昌黎郡漢屬遼東屬國都尉，魏置郡。統縣二，戶九百。

昌黎　賓徒

遼東國秦立爲郡。漢光武以遼東等屬青州，後還幽州。統縣八，戶五千四百。

襄平東夷校尉所居。　汶　居就　樂就　安市　西安平　新昌　力城

樂浪郡漢置。統縣六，戶三千七百。

朝鮮周封箕子地。　屯有　渾彌　遂城秦築長城之所起。　鏤方　駟望

玄菟郡漢置。統縣三，戶三千二百。

高句麗　望平　高顯

帶方郡公孫度置。統縣七，戶四千九百。

帶方　列口　南新　長岑　提奚　含資　海冥

平州初置，以慕容廆爲刺史，遂屬永嘉之亂，廆爲衆所推。及其孫儁移都于薊。其後

慕容垂子寶又遷于和龍，自幽州至於盧溥鎭以南地入於魏。慕容熙以幽州刺史鎭令支，青州刺史鎭新城，幷州刺史鎭凡城，營州刺史鎭宿軍，冀州刺史鎭肥如。高雲以幽、冀二州牧鎭肥如，幷州刺史鎭白狼。後爲馮跋所篡，跋僭號於和龍，是爲後燕，卒滅於魏。

幷州。案禹貢蓋冀州之域，舜置十二牧，則其一也。周禮：「正北曰幷州，其鎭曰恒山。」春秋元命包云：「營室流爲幷州，分爲衞國。」州不以衞水爲號，又不以恒山爲稱，而云幷者，蓋以其在兩谷之間也。漢武帝置十三州，幷州依舊名不改，統上黨、太原、雲中、上郡、鴈門、代郡、定襄、五原、西河、朔方十郡，又別置朔方刺史。後漢建武十一年，省朔方入幷州。靈帝末，羌胡大擾，定襄、雲中、五原、朔方、上郡等五郡並流徙分散。建安十八年，省入冀州。二十年，始集塞下荒地立新興郡，後又分上黨立樂平郡。魏黄初元年，復置幷州，自陘嶺以北並棄之，至晉因而不改。幷州統郡國六，縣四十五，戶五萬九千三百。

太原國秦置。統縣十三，戶一萬四千。

晉陽侯相。 陽曲 楡次 于離 盂 狼孟 陽邑 大陵 祁 平陶 京陵 中都 鄔

上黨郡秦置。統縣十，戶一萬三千。

潞 屯留 壺關 長子 泫氏 高都 銅鞮 湼 襄垣 武鄉

西河國漢置。統縣四，戶六千三百。

離石　隰城　中陽　介休

樂平郡泰始中置。統縣五，戶四千三百。

沾　上艾　壽陽　轑陽　樂平

雁門郡秦置。統縣八，戶一萬二千七百。

廣武　崞　汪陶　平城　葰人　繁畤　原平　馬邑

新興郡魏置。統縣五，戶九千。

九原　定襄　雲中　廣牧　晉昌

惠帝改新興爲晉昌郡。及永興元年，劉元海僭號於平陽，稱漢，於是幷州之地皆爲元海所有。元海乃以雍州刺史鎮平陽，幽州刺史鎮離石。及劉聰攻陷洛陽，置左右司隸，各領戶二十餘萬，萬戶置一內史，凡內史四十三人，單于左右輔各主六夷。又置殷、衞、東梁、西河陽、北兗五州，以懷安新附。劉曜徙都長安，其平陽以東地入石勒。勒平朔方，又置朔州。自惠懷之間，離石縣荒廢，勒於其處置永石郡，又別置武鄉郡。及苻堅、姚興、赫連勃勃，幷州並徙置河東，又姚興以河東爲幷、冀二州云。

雍州。案禹貢黑水、西河之地，舜置十二牧，則其一也。以其四山之地，故以雍名焉。亦謂西北之位，陽所不及，陰氣雍閼也。〔二七〕周禮：「西曰雍州。」蓋并禹梁州之地。周自武王克殷，都於酆鎬，雍州爲王畿。及平王東遷洛邑，以岐酆之地賜秦襄公，則爲秦地，累世都之，至始皇遂平六國。秦滅，漢又都之。及武帝置十三州，其地以西偏爲涼州，其餘並屬司隸，不統於州。後漢光武都洛陽，關中復置雍州。後罷，復置司隸校尉，統三輔如舊。獻帝時又置雍州，自三輔距西域皆屬焉。魏文帝卽位，分河西爲涼州，分隴右爲秦州，改京兆尹爲太守，馮翊、扶風各除左右，仍以三輔屬司隸。晉初於長安置雍州，統郡國七，縣三十九，戶九萬九千五百。

京兆郡漢置。統縣九，戶四萬。

長安　杜陵　霸城　藍田　高陸　萬年故櫟陽縣。　新豐　陰般　鄭周宣王弟鄭桓公邑。

馮翊郡漢置，名左馮翊。統縣八，戶七千七百。

臨晉故大荔，秦獲之，更名。有河水祠，祠臨晉水，故名。　下邽秦武公伐邽戎，置有上邽，故加「下」。　重泉　頻陽秦厲公置，在頻水之陽。　粟邑　蓮芍　郃陽　夏陽故少梁，秦惠文王更名。梁山在西北。

扶風郡漢武帝以爲主爵都尉，太初中更名右扶風。統縣六，戶二萬三千。

池陽漢惠帝置。有嶻嶭山。　鄠成國渠首受渭。　雍侯相。有五時、太昊、黃帝以下祠三百三所。　汧吳山在西，古文以爲汧山。陳倉 美陽岐山在西北，周太王所邑。

安定郡漢置。統縣七，戶五千五百。

臨涇 朝那 烏氏 都盧 鶉觚 陰密殷時密國。西川

北地郡秦置。統縣二，戶二千六百。

泥陽 富平

始平郡泰始二年置。〔二八〕統縣五，戶一萬八千。

槐里秦曰廢丘，漢高帝更名。有黃山宮。始平 武功太一山在東，古文以爲終南。鄠古國，夏啓所伐。蒯城

新平郡漢置。統縣二，戶二千七百。

漆漆水在西。汾邑

惠帝卽位，改扶風國爲秦國。徙都。〔二九〕建興之後，雍州沒於劉聰。及劉曜徙都長安，改號曰趙，以秦、涼二州牧鎮上邽，朔州牧鎮高平，幽州刺史鎮北地，并州牧鎮蒲坂。石勒克長安，復置雍州。石氏既敗，苻健僭據關中，又都長安，是爲前秦。於是乃於雍州置司隸校尉，以豫州刺史鎮許昌，秦州刺史鎮上邽，荆州刺史鎮豐陽，洛州刺史鎮宜陽，并州刺史鎮蒲坂。苻堅時，分司隸爲雍州，分京兆爲咸陽郡，洛州刺史鎮陝城。滅燕之後，分幽州置平州，鎮龍城，幽州刺史鎮薊城，河州刺史鎮枹罕，并州刺史鎮晉陽，豫州刺史鎮洛陽，兗州

刺史鎮倉垣，雍州刺史鎮蒲坂。於是移洛州居豐陽，以許昌置東豫州，以荆州刺史鎮襄陽，徐州刺史鎮彭城。既而姚萇滅苻氏，是爲後秦。及萇子興克洛陽，以幷、冀二州牧鎮蒲坂，豫州牧鎮洛陽，兗州刺史鎮倉垣，分司隸領北五郡，置雍州刺史鎮安定。及姚泓爲劉裕所滅，其地尋入赫連勃勃。勃勃僭號於統萬，是爲夏。置幽州牧於大城，又平劉義眞於長安，遣子璝鎮焉，號曰南臺。以朔州牧鎮三城，秦州刺史鎮杏城，雍州刺史鎮陰密，幷州刺史鎮蒲坂，梁州牧鎮安定，北秦州刺史鎮武功，豫州牧鎮李閏，〔三〇〕荆州刺史鎮陝，其州郡之名並不可知也。然自元帝渡江，所置州亦皆遙領。初以魏該爲雍州刺史，鎮酇城，尋省，僑立始平郡，寄居武當城。有秦國流人至江南，改堂邑爲秦郡，僑立尉氏縣屬焉。康帝時，庾翼爲荆州刺史，還鎮襄陽。其後秦雍流人多南出樊沔，孝武始於襄陽僑立雍州，仍立京兆、始平、扶風、河南、廣平、義成、北河南七郡，並屬襄陽。襄陽故屬荆州。

涼州。案禹貢雍州之西界，周衰，其地爲狄。秦興美陽甘泉宮，本匈奴鑄金人祭天之處。匈奴既失甘泉，又使休屠、渾邪王等居涼州之地。二王後以地降漢，漢置張掖、酒泉、敦煌、武威郡。其後又置金城郡，謂之河西五郡。漢改周之雍州爲涼州，蓋以地處西方，常寒涼也。地勢西北邪出，在南山之間，南隔西羌，西通西域，于時號爲斷匈奴右臂。獻帝時，涼州數有亂，河西五郡去州隔遠，於是乃別以爲雍州。末又依古典定九州，乃合關右以爲雍州。魏時復分以爲涼州，刺史領戊己校尉，護西域，如漢故事，至晉不改。統郡八，縣四十六，戶三萬七百。

金城郡漢置。統縣五，戶二千。

榆中　允街　金城　白土　浩亹

西平郡漢置。統縣四，戶四千。

西都　臨羌　長寧　安夷

武威郡漢置。統縣七，戶五千九百。

姑臧　宣威　揖次　倉松　顯美　驪靬　番和

張掖郡漢置。統縣三，戶三千七百。

永平　臨澤漢昭武縣，避文帝諱改也。〔三二〕　屋蘭漢因屋蘭名焉。

西郡漢置。統縣五，戶一千九百。

日勒　删丹　仙提　萬歲　蘭池一云蘭絕池。

酒泉郡漢置。統縣九，戶四千四百。

福祿　會水　安彌　騂馬　樂涫　表氏　延壽　玉門　沙頭

敦煌郡漢置。統縣十二，戶六千三百。

昌蒲　敦煌　龍勒　陽關　效穀　廣至　宜禾　冥安〔三二〕　深泉〔三三〕　伊吾　新鄉　乾齊

西海郡故屬張掖，漢獻帝興平二年，武威太守張雅請置。統縣一，戶二千五百。

居延澤在東南，尚書所謂流沙也。

元康五年，惠帝分敦煌郡之宜禾、伊吾、冥安、深泉、廣至等五縣，分酒泉之沙頭縣，又別立會稽、新鄉，凡八縣爲晉昌郡。永寧中，張軌爲涼州刺史，鎭武威，上表請合秦雍流移人於姑臧西北，置武興郡，統武興、大城、烏支、襄武、晏然、新鄣、平狄、司監等縣。又分西平界置晉興郡，統晉興、枹罕、永固、臨津、臨鄣、廣昌、大夏、遂興、罕唐、左南等縣。是時中原淪沒，元帝徙居江左，軌乃控據河西，稱晉正朔，是爲前涼。及張寔，分金城之令居、枝陽二縣，又立永登縣，合三縣立廣武郡。張茂分武興、金城、西平、安故爲定州。張駿分武威、武興、西平、張掖、酒泉、建康、西海、西郡、湟河、晉興、廣武合十一郡爲涼州，〔三四〕興晉、金城、武始、南安、永晉、大夏、武成、漢中爲河州，敦煌、晉昌、高昌、西域都護、戊己校尉、玉門大護軍三郡三營爲沙州。〔三五〕張駿假涼州都督，攝三州。張祚又以敦煌郡爲商州。永興中，置漢陽縣以守牧地，張玄靚改爲祁連郡。張天錫又別置臨松郡。天錫降於苻氏，其地尋爲呂光所據。呂光都於姑臧後，以郭黁言讖，改昌松爲東張掖郡。及呂隆降於姚興，其地三分。武昭王爲西涼，建號於敦煌。秃髮烏孤爲南涼，建號於樂都。沮渠蒙遜爲北涼，建號於張掖。而分據河西五郡。

秦州。案禹貢本雍州之域，魏始分隴右置焉，刺史領護羌校尉，中間暫廢。及泰始五年，又以雍州隴右五郡及涼州之金城、梁州之陰平，合七郡置秦州，鎭冀城。太康三年，罷秦州，幷雍州。七年，復立，鎭上邽。統郡六，縣二十四，戶三萬二千一百。

隴西郡秦置。統縣四，戶三千。

襄武　首陽鳥鼠山在東。　臨洮　狄道

南安郡漢置。統縣三，戶四千三百。

獂道　新興　中陶

天水郡漢武置，孝明改爲漢陽，晉復爲天水。〔三六〕統縣六，戶八千五百。

上邽　冀秦州故居。　始昌　新陽　顯新漢顯親縣。　成紀

略陽郡本名廣魏，泰始中更名焉。統縣四，戶九千三百二十。

臨渭　平襄　略陽　淸水

武都郡漢置。統縣五，戶三千。

下辯　河池　沮　武都　故道

陰平郡泰始中置。統縣二，戶三千。

陰平　平廣〔三七〕

惠帝分隴西之狄道、臨洮、河關，又立洮陽、遂平、武街、始興、第五、眞仇六縣，合九縣置狄道郡，屬秦州。張駿分屬涼州，又以狄道縣立武始郡。江左分梁爲秦，寄居梁州，又立氐池爲北秦州。

梁州。案禹貢華陽黑水之地，舜置十二牧，則其一也。梁者，言西方金剛之氣强梁，故因名焉。周禮職方氏以梁幷雍。漢不立州名，以其地爲益州。及獻帝初平六年，〔三八〕以臨江縣屬永寧郡。建安六年，劉璋改永寧爲巴東郡，分巴郡墊江置巴西郡。劉備據蜀，又分廣漢之葭萌、涪城、梓潼、白水四縣，改葭萌曰漢壽，又立漢德縣，以爲梓潼郡；割巴郡之宕渠、宣漢、漢昌三縣置宕渠郡，尋省，以縣並屬巴西郡。泰始三年，分益州，立梁州於漢中，改漢壽爲晉壽，又分廣漢置新都郡。梁州統郡八，縣四十四，〔三九〕戶七萬六千三百。

漢中郡秦置。統縣八，戶一萬五千。

南鄭　蒲池　褒中　沔陽　成固　西鄉　黃金　興道

梓潼郡蜀置。統縣八，戶一萬二百。

梓潼 涪城 武連 黃安 漢德 晉壽 劍閣 白水

廣漢郡漢置。統縣三，戶五千一百。

廣漢 德陽 五城

新都郡泰始二年置。統縣四，戶二萬四千五百。

雒 什方 緜竹 新都

涪陵郡蜀置。統縣五，戶四千二百。

漢復 涪陵 漢平 漢葭 萬寧

巴郡秦置。統縣四，戶三千三百。

江州 墊江 臨江 枳

巴西郡蜀置。〔四〇〕統縣九，戶一萬二千。

閬中 西充國 蒼溪 岐愜 南充國 漢昌 宕渠 安漢 平州

巴東郡漢置。統縣三，戶六千五百。

魚復〔四一〕 朐䏰 南浦

太康六年九月，罷新都郡幷廣漢郡。惠帝復分巴西置宕渠郡，統宕渠、漢昌、宣漢三縣，幷以新城、魏興、上庸合四郡以屬梁州。尋而梁州郡縣沒于李特，永嘉中又分屬楊茂搜，其晉人流寓於梁益者，仍於二州立南北二陰平郡。及桓溫平蜀之後，以巴漢流人立晉昌郡，領長樂、安晉、延壽、安樂、宣漢、寧都、新興、吉陽、東關、永安十縣；又置益昌、晉興二縣，屬巴西郡；於德陽界東南置遂寧郡；又於晉壽置劍閣縣，屬梁州。後孝武分梓潼北界立晉壽郡，統晉壽、白水、邵歡、興安四縣；梓潼郡徙居梓潼，罷劍閣縣；又別置南漢中郡，分巴西、梓潼爲金山郡。及安帝時，又立新巴、汶陽二郡，又有北新巴、華陽、南陰平、北陰平四郡，其後又立巴渠、懷安、宋熙、白水、上洛、北上洛、南宕渠、懷漢、新興、安康等十郡。

益州。案禹貢及舜十二牧俱爲梁州之域，周合梁於雍，則又爲雍州之地。春秋元命包云：「參伐流爲益州，益之爲言阨也。」言其所在之地險阨也，亦曰疆壤益大，故以名焉。始秦惠王滅蜀，置郡，以張若爲蜀守。及始皇置三十六郡，蜀郡之名不改。漢初有漢中、巴、蜀。高祖六年，分蜀置廣漢，凡爲四郡。武帝開西南夷，更置犍爲、牂柯、越巂、益州四郡，凡八郡，遂置益州統焉，益州蓋始此也。及後漢，明帝以新附置永昌郡，安帝又以諸道置蜀、廣漢、犍爲三郡屬國都尉，及靈帝又以汶江、蠶陵、廣柔三縣立汶山郡。獻帝初平元年，劉璋分巴郡立永寧郡。〔四三〕建安六年，改永寧爲巴東，以巴郡爲巴西，又立涪陵郡。二十一年，劉備分巴郡立固陵郡。蜀章武元年，又改固陵爲巴東郡，巴西郡爲巴郡，又分廣漢立梓潼郡，分犍爲立江陽郡，以蜀郡屬國爲漢嘉郡，以犍爲屬國爲朱提郡。劉禪建興二年，改益州郡爲建寧郡，廣漢屬國爲陰平郡，分建寧永昌立雲南郡，分建寧牂柯立興古郡，分廣漢立東廣漢郡。魏景元中，蜀平，省東廣漢郡。及武帝泰始二年，分益州置梁州，以漢中屬焉。七年，又分益州置寧州。益州統郡八，縣四十四，戶十四萬九千三百。

蜀郡秦置。統縣六，戶五萬。

成都　廣都　繁　江原　臨邛　郫

犍爲郡漢置。統縣五，戶一萬。

武陽　南安　僰道　資中　牛鞞

汶山郡漢置。統縣八，戶一萬六千。

汶山　升遷　都安　廣陽　興樂　平康　蠶陵　廣柔

漢嘉郡蜀置。統縣四，戶一萬三千。

漢嘉　徙陽　嚴道　旄牛

江陽郡蜀置。統縣三，戶三千一百。

江陽　符　漢安

朱提郡蜀置。統縣五，戶二千六百。

朱提　南廣　漢陽　南秦　堂狼

越巂郡漢置。統縣五，戶五萬三千四百。

會無　邛都　卑水　定莋　臺登

牂柯郡漢置。統縣八，戶一千二百。

萬壽　且蘭　談指〔四三〕　夜郎　毋斂〔四四〕　鉼𣽊　鄨　平夷

惠帝之後，李特僭號於蜀，稱漢，益州郡縣皆沒于特。李雄又分漢嘉、蜀二郡立沈黎、漢原二郡。是時益州郡縣雖沒李氏，江左並遙置之。桓溫滅蜀，其地復爲晉有，省漢原、沈黎而立南陰平、晉原、寧蜀、始寧四郡焉。咸安二年，益州復沒於苻氏。太元八年，復爲晉有。隆安二年，又立晉熙、遂寧、晉寧三郡云。

寧州。於漢魏爲益州之域。泰始七年，武帝以益州地廣，分益州之建寧、興古、雲南，交州之永昌，合四郡爲寧州，統縣四十五，戶八萬三千。

雲南郡蜀置。統縣九，戶九千二百。

雲平　雲南　梇棟　青蛉　姑復　邪龍　楪榆　遂久　永寧

興古郡蜀置。統縣十一，戶六千二百。

律高　句町　宛溫　漏臥　毋掇〔四五〕　賁古　滕休　鐔封〔四六〕　漢興　進乘　都篖

建寧郡蜀置。統縣十七，戶二萬九千。

味　昆澤　存駹　新定　談稾　母單　同瀨　漏江　牧靡　穀昌　連然　秦臧　雙柏
俞元　修雲　泠丘　滇池

永昌郡漢置。統縣八，戶三萬八千。

不韋　永壽　比蘇　雍鄉　南涪　巂唐　哀牢　博南

太康三年，武帝又廢寧州入益州，立南夷校尉以護之。太安二年，惠帝復置寧州，又分建寧以西七縣別立爲益州郡。永嘉二年，改益州郡曰晉寧，分牂柯立平夷、夜郎二郡。〔四七〕然是時其地再爲李特所有。其後李壽分寧州興古、永昌、雲南、朱提、越巂、河陽六郡爲漢州。咸康四年，分牂柯、夜郎、朱提、越巂四郡置安州。八年，又罷幷寧州，以越巂還屬益州，省永昌郡焉。

校勘記

〔一〕崆山訪道　「崆」，宋本、局本等作「風」，殿本作「崆」，今從殿本。黃帝于崆峒山訪道，傳自莊子。

〔二〕義陽　據下「武帝增置」之文及「義陽郡」下之文，義陽郡又置于晉武帝太康時。

〔三〕永壽三年戶千六十七萬七千九百六十口五千六百四十八萬六千八百五十六　後漢書郡國志在本志校記中以後簡稱續漢志一注云：「永壽二年，戶千六百七萬九百六，口五千六萬六千八百五十六人。」

〔四〕嗣王之庶子爲亭侯　各本無「亭」字，殿本有。今從殿本，與魏志文帝紀合。

〔五〕男邑四百戶地方四十里　校文：上載侯伯子封地皆有大國次國之分，不應男國無區別。御覽一九九引魏志咸熙元年晉王奏建五等，男地方三十五里，邑四百戶；次國男地方二十五里，邑二百戶。則知男國本亦分大次，此志蓋有脫文。

〔六〕位望隆于牧伯　「隆」，各本作「降」，宋本作「隆」，今從宋本。

〔七〕縣一百戶四十七萬五千七百　下所列爲縣九十九，戶四十九萬二千四百。兩數不合，各州頗有此類情況，以後不具校。

〔八〕有博浪長沙張良擊秦始皇處　畢沅晉書地理志新補正以下簡稱畢校謂徧檢諸地志，皆云博浪沙在陽武。疑此十二字注本在「陽武」下，錯簡入卷縣耳。

〔九〕分京兆南部置　「部」，各本作「郡」，宋本作「部」，今從宋本。

〔一〇〕汾陽公國相　畢校及方愷新校晉書地理志以後簡稱方校均謂「汾陽」當作「汾陰」。按：「公國相」，各本作「公相國」，「相國」二字誤倒，宋本不誤，今從宋本。

〔一一〕清泉　考異：本「清淵」，避唐諱改。

〔一二〕大戚　考異：大戚卽廣戚，隋避煬帝諱改。

〔一三〕兗端也　「端」，各本作「瑞」，今從宋本作「端」。

〔一四〕魏武帝封　考異：袁廷檮曰，「武帝」當作「元帝」，卽常道鄉公也。晉受禪，封爲陳留王。

〔一五〕濟陰郡　原作「濟陽郡」。考異：漢無濟陽郡，蓋「濟陰」之誤。卞壼傳濟陰冤句人，宋書州郡志於城武、離狐二縣並云晉太康地志屬濟陰。按：左傳隱公七年杜注及郤詵傳並可證。今據改。

〔一六〕宛句　卞壼傳作「冤句」，漢書地理志在本志校記中以後簡稱漢志上、續漢志三、宋書州郡志在本志校記中以後簡稱宋志一、魏書地形志在本志校記中以後簡稱魏志二、隋書地理志在本志校記中以後簡稱隋志中並作「冤句」。

〔一七〕湖陸　原作「陸湖」。舉正：當作「湖陸」，見左傳襄公十九年杜注。斠注：水經濟水、泗水注亦作「湖陸」。按：漢志上、續漢志三謂本曰湖陵，莽改湖陸。今據乙正。

〔一八〕烏下聚　馬與龍晉書地理志注（後簡稱馬校）：「烏」當作「嶲」。續漢志三作「嶲下聚」，劉昭注引左傳僖公二十六年杜注作「嶲下」。

〔一九〕南城　原作「南武城」。考異：景獻羊皇后、惠羊皇后、羊祜傳、宋書羊欣、羊元保傳並云泰山南城人，宋、齊、隋志皆稱南城，惟晉志多一「武」字，殆因下文有「南武陽」而衍一「武」字。按：錢說是，今據删。

〔二〇〕牟　原作「東牟」。考異：「東」字衍。漢志上、續漢志三泰山郡有牟縣，即春秋牟國，與東萊之東牟非一地。羊祜傳詔以泰山之南武陽、牟、南城、梁父、平陽爲南城郡，是晉時已名牟縣也。按：宋志一、左傳桓公十五年注「泰山牟縣」，均亦無「東」字，今據删。

〔二一〕長平　馬校：縣已見前潁川郡，此誤複出。

〔二二〕竺邑　方校：武陔傳，「沛國竹邑人」，此作「竺邑」，似誤。斠注：魏志明紀、胡質傳引虞預晉書、宋書州郡志、水經睢水注引李奇說皆作「竹邑」。竺邑即竹邑，本漢縣，有竹邑侯張壽碑。按：漢志上、續漢志二、後漢書明八王傳、吳志薛綜傳、隋志下彭城郡符離下注並作「竹」。

〔二三〕蕃　各本作「番」，今從宋本作「蕃」，與漢志下、續漢志二合。

〔二四〕縣八十三　「三」，各本作「二」，今從殿本作「三」，與實領縣數合。

〔二五〕易城　漢志上、續漢志二、後魏志上及後漢書劉虞傳並無「城」字。

〔二六〕戶一萬八千一百　「八千」，各本作「六千」，今從殿本作「八千」，與統計戶數相符。

〔二七〕陰氣雍閼也　「陰」下原有「陽」字。斠注：類聚六、御覽一六四引太康地志均無「陽」字。按：無「陽」字是，今據刪。

〔二八〕始平郡泰始二年置　「二」，各本作「三」，今從宋本作「二」，與宋志三合。

〔二九〕徙都　疑此二字因涉下文「徙都長安」而誤衍。

〔三〇〕李閏　姚蓑載記、魏書安定王燮傳皆作「李潤」。

〔三一〕避文帝諱改也　「文」，原誤作「景」，今改正。

〔三二〕冥安　「冥」原作「宜」。畢校：應作「冥安」，元和郡縣志以縣界冥水爲名。按：畢說是，今據改。下同。

〔三三〕深泉　考異：「淵泉」作「深泉」，避唐諱。

〔三四〕張駿分武威武興西平張掖酒泉建康西海西郡湟河晉興廣武合十一郡爲涼州　原缺「西海」，「廣武」誤作「須武」，今據後魏書張駿傳補改。

〔三五〕敦煌晉昌高昌西域都護戊己校尉玉門大護軍三郡三營爲沙州　原缺「高昌」，「戊己」誤作「張茂以」，今據後魏書張駿傳增改。

〔三六〕晉復爲天水　「晉」當作「魏」。魏時有天水郡，見三國志姜維傳及注、楊阜傳、曹眞傳、張既傳、閻溫傳。

〔三七〕平廣　考異：宋志，「平武，蜀立，本曰廣武，晉武帝太康元年更名」。此志作「平廣」，誤。按：廣武見蜀志廖化傳，晉改平武，又見元和郡縣志。

〔三八〕及獻帝初平六年　趙一清水經注釋三三：全祖望謂初平只四年，無六年，當作元年。

〔三九〕縣四十四　各本作「縣三十三」，今從殿本作「縣四十四」，與統計實數合。

〔四〇〕蜀置　畢校：譙周巴記，建安六年劉璋分巴郡墊江以上爲巴西郡。據此，則巴西郡劉璋時分置。

〔四一〕魚復　各本作「魚腹」，今從宋本作「魚復」。漢志上、續漢志五、華陽國志一、後漢書張堪傳、蜀志先主傳並作「魚復」。

〔四二〕初平元年劉璋分巴郡立永寧郡　考異：劉焉以興平元年卒，子璋始爲益州牧，則初平元年璋尚未牧益州，「初平」當爲「興平」之譌。

〔四三〕談指　原作「指談」。斠注：兩漢志、華陽國志四並作「談指」。按：漢書昭帝紀、前漢紀十六亦作「談指」。今據乙正。

〔四四〕毋斂　原作「毋劍」。斠注：兩漢志、宋志、華陽國志四、水經溫水注皆作「毋斂」。按：「劍」乃誤字，今改。

〔四五〕毋掇　漢志上「掇」作「棳」，師古曰其字從木。水經溫水注亦作「毋棳」。

〔四六〕鐔封　「鐔」，各本作「鐔」。宋本及音義作「鐔」，今從宋本。與漢志上、續漢志五、宋志四、華陽國志四、水經溫水注合。

〔四七〕永嘉二年至夜郎二郡　王遜傳：「元帝加遜安南將軍，刺史如故。遜表請改分牂牁爲平夷郡，分建寧爲夜郎郡，改益州爲晉寧郡，事皆施行。」與此志不同。

晉書卷十五

志第五

地理下 青州 徐州 荆州 揚州 交州 廣州

青州。案禹貢爲海岱之地，舜置十二牧，則其一也。舜以青州越海，又分爲營州，則遼東本爲青州矣。周禮：「正東曰青州。」蓋取土居少陽，其色爲青，故以名也。春秋元命包云：「虚危流爲青州。」漢武帝置十三州，因舊名，歷後漢至晉不改。州統郡國六，縣三十七，戶五萬三千。

齊國秦置郡，漢以爲國。景帝以爲北海郡。〔一〕統縣五，戶一萬四千。

臨淄 西安有棘里亭。 東安平女水出東北。 廣饒 昌國樂毅所封。

濟南郡漢置。統縣五，戶五千。或云魏平蜀，徙其豪將家於濟河北，故改爲濟岷郡。而太康地理志無此郡名，未之詳。

平壽古國。寒浞封此。　下密有三石祠。　膠東侯國。　卽墨有天山祠。　祝阿

樂安國漢置。統縣八，戶一萬一千。

高苑　臨濟有蚩尤祠。　博昌有薄姑祠。　利益侯相。　蓼城侯國。　鄒　壽光古斟灌氏所封國。　東朝陽

城陽郡漢置，屬北海，自魏至晉，分北海而立焉。郡統縣十，戶一萬二千。

莒故莒子國。　姑幕古薄姑氏國。　諸　淳于故淳于公國。　東武　高密漢改爲郡。〔二〕　壯武　黔陬

平昌　昌安

東萊國漢置郡。統縣六，戶六千五百。

掖侯相。　當利侯國。　盧鄉　曲城　黃有萊山、松林萊君祠。　惤侯國。有百支萊王祠。〔三〕

長廣郡咸寧三年置。統縣三，戶四千五百。

不其侯國。　長廣　挺

惠帝元康十年，〔四〕又置平昌郡。又分城陽之黔陬、壯武、淳于、昌安、高密、平昌、營陵、安丘、大、劇、臨朐十一縣爲高密國。〔五〕自永嘉喪亂，青州淪沒石氏。東萊人曹嶷爲刺史，造廣固城，後爲石季龍所滅。季龍末，遼西段龕自號齊王，據青州。慕容恪滅龕，克青州。苻氏平燕，盡有其地。及苻氏敗後，刺史苻朗以州降。朝廷置幽州，以別駕辟閭渾爲刺史，鎮廣固。隆安四年，爲慕容德所滅，遂都之，是爲南燕，復改爲青州。德以幷州牧鎮

陰平，幽州刺史鎭發干，徐州刺史鎭莒城，青州刺史鎭東萊，兗州刺史鎭梁父。慕容超移青州於東萊郡，後爲劉裕所滅，留長史羊穆之爲青州刺史，築東陽城而居之。自元帝渡江，於廣陵僑置青州。至是始置北青州，鎭東陽城，以僑立州爲南青州。而後省南青州，而北青州直曰青州。

徐州。案禹貢海岱及淮之地，舜十二牧，則其一也。於周入青州之域。春秋元命包云：「天氐流爲徐州。」蓋取舒緩之義，或云因徐丘以立名。秦兼天下，以置泗水、薛、琅邪三郡。楚漢之際，分置東陽郡。漢又分置東海郡，改泗水爲沛，改薛爲魯，分沛置楚國，以東陽屬吳國。景帝改吳爲江都，武帝分沛、東陽置臨淮郡，改江都爲廣陵。及置十三州，以其地爲徐州，統楚國及東海、琅邪、臨淮、廣陵四郡。宣帝改楚爲彭城郡，後漢改爲彭城國，以沛郡之廣戚縣來屬，改臨淮爲下邳國。及太康元年，復分下邳屬縣在淮南者置臨淮郡，分琅邪置東莞郡。州凡領郡國七，縣六十一，戶八萬一千二十一。

彭城國漢以爲郡。統縣七，戶四千一百二十一。

彭城故殷伯太彭國。　留張良所封。　廣戚　傅陽　武原　呂　梧

下邳國漢置爲臨淮郡。統縣七，戶七千五百。

下邳葛嶧山在西，古嶧陽也。韓信爲楚王，都之。　淩　良城侯相。　睢陵　夏丘　取慮　僮

東海郡漢置。統縣十二，戶一萬一千一百。

郯故郯子國。　祝其羽山在縣之西。　朐　襄賁　利城　贛楡　厚丘〔六〕　蘭陵　承　昌慮　合鄉　戚

琅邪國秦置郡。統縣九，戶二萬九千五百。

開陽侯相。　臨沂　陽都　繒　即丘　華　費魯季氏邑。　東安　蒙陰山在西南。

東莞郡太康中置。統縣八，戶一萬。

東莞故魯鄆邑。　朱虛　營陵尚父呂望所封。　安丘故莒渠丘父封邑。　蓋　臨朐有海水祠。　劇　廣

廣陵郡漢置。統縣八，戶八千八百。

淮陰　射陽　輿　海陵〔七〕有江海會祠。　廣陵　鹽瀆　淮浦　江都有江水祠。

臨淮郡漢置，章帝以合下邳，太康元年復立。統縣十，戶一萬。

盱眙　東陽　高山　贅其　潘旌　高郵　淮陵　司吾　下相　徐

太康十年，以青州城陽郡之莒、姑幕、諸、東武四縣屬東莞。元康元年，分東海置蘭陵郡。七年，又分東莞置東安郡，分臨淮置淮陵郡，以堂邑置堂邑郡。永嘉之亂，臨淮、淮陵並淪沒石氏。元帝渡江之後，徐州所得惟半，乃僑置淮陽、陽平、濟陰、北濟陰四郡。又琅

邪國人隨帝過江者，遂置懷德縣及琅邪郡以統之。是時，幽、冀、青、幷、兗五州及徐州之淮北流人相帥過江淮，帝並僑立郡縣以司牧之。割吳郡之海虞北境，立郯、朐、利城、祝其、厚丘、西隰、襄賁七縣，寄居曲阿，以江乘置南東海、南琅邪、南東平、南蘭陵等郡，分武進立臨淮、淮陵、南彭城等郡，屬南徐州，又置頓丘郡屬北徐州。明帝又立南沛、南淸河、南下邳、南東莞、南平昌、南濟陰、南濮陽、南太平、〔八〕南泰山、南濟陽、南魯等郡，以屬徐、兗二州，初或居江南，或居江北，或以兗州領州。郗鑒都督青兗二州諸軍事、兗州刺史，加領徐州刺史，鎭廣陵。蘇峻平後，自廣陵還鎭京口。又於漢故九江郡界置鍾離郡，屬南徐州，江北又僑立幽、冀、青、幷四州。穆帝時，移南東海七縣出居京口。義熙七年，始分淮北爲北徐州，淮南但爲徐州，統彭城、沛、下邳、蘭陵、東莞、東安、琅邪、淮陽、陽平、濟陰、北濟陰十一郡，以盱眙立盱眙郡，統考城、直瀆、陽城三縣，又分廣陵界置海陵、山陽二郡。後又以幽冀合徐州，青幷合兗州。〔九〕

荊州。案禹貢荊及衡陽之地，舜置十二牧，則其一也。周禮：「正南曰荊州。」春秋元命包云：「軫星散爲荊州。」荊，强也，言其氣躁强。亦曰警也，言南蠻數爲寇逆，其人有道後服，無道先强，常警備也。又云取名於荊山。六國時，其地爲楚。及秦，取楚鄢郢爲南郡，又取巫中地爲黔中郡，以楚之漢北立南陽郡，滅楚之後，分黔中爲長沙郡。漢高祖分長沙爲桂陽郡，改黔中爲武陵郡，分南郡爲江夏郡。武帝又分長沙爲零陵郡。及置十三州，因舊名爲荆州，統南郡、南陽、零陵、桂陽、武陵、長沙、江夏七郡。後漢獻帝建安十三年，魏武盡得荆州之地，分南郡以北立襄陽郡，又分南陽西界立南鄉郡，分枝江以西立臨江郡。及敗於赤壁，南郡以南屬吳，吳後遂與蜀分荆州。於是南郡、零陵、武陵以西爲蜀，江夏、桂陽、長沙三郡爲吳，南陽、襄陽、南鄉三郡爲魏。而荆州之名，南北雙立。蜀分南郡，立宜都郡，劉備沒後，宜都、武陵、零陵、南郡四郡之地悉復屬吳。魏文帝以漢中遺黎立魏興、新城二郡，明帝分新城立上庸郡。孫權分江夏立武昌郡，又分蒼梧立臨賀郡，分長沙立衡陽、湘東二郡。孫休分武陵立天門郡，分宜都立建平郡。孫晧分零陵立始安郡，分桂陽立始興郡，又分零陵立邵陵郡，分長沙立安成郡。荆州統南郡、武昌、武陵、宜都、建平、天門、長沙、零陵、桂陽、衡陽、湘東、邵陵、臨賀、始興、始安十五郡，其南陽、江夏、襄陽、南鄉、魏興、新城、上庸七郡屬魏之荆州。及武帝平吳，分南郡爲南平郡，分南陽立義陽郡，改南鄉爲順陽郡，又以始興、始安、臨賀三郡屬廣州，以揚州之安成郡來屬。州統郡二十二，縣一百六十九，〔一〇〕戶三十五萬七千五百四十八。

江夏郡漢置。統縣七，戶二萬四千。

安陸橫尾山在東北，古之陪尾山。 雲杜故雲子國。 曲陵 平春 鄳 竟陵章山在東北，古之內方山。 南新市

南郡漢置。統縣十一，〔二〕戶五萬五千。

江陵故楚都。 編有雲夢官。 當陽 華容 鄀故鄀子國。 枝江故羅國。 旌陽 州陵楚嬖人州侯所邑。 監利 松滋 石首

襄陽郡魏置。統縣八，戶二萬二千七百。

宜城故鄢也。 中廬 臨沮荆山在東北。 邔 襄陽侯相。 山都 鄧城 鄾

南陽國秦置郡。統縣十四，戶二萬四千四百。

宛 西鄂侯相。 雉 魯陽公國相。 犫 淯陽公國相。 博望公國相。 堵陽 葉侯相。有長城山，號曰方城。 舞陰公國相。 比陽公國相。 涅陽 冠軍 酈

順陽郡太康中置。統縣八，戶二萬一百。

酇 順陽 南鄉 丹水 武當侯相。 陰 筑陽 析

義陽郡太康中置。統縣十二，戶一萬九千。

新野侯相。 穰 鄧故鄧侯國。 蔡陽 隨故隨國。 安昌 棘陽 厥西 平氏桐柏山在南。〔三〕 義陽 平林 朝陽

新城郡魏置。統縣四，戶一萬五千二百。

房陵　綏陽〔一三〕　昌魏　沶鄉

魏興郡魏置。統縣六，戶一萬二千。

晉興〔一四〕　安康　西城　錫　長利　洵陽

上庸郡魏置。統縣六，戶一萬一千四百四十八。

上庸侯相。　安富　北巫　武陵　上廉　微陽

建平郡吳、晉各有建平郡，太康元年合。統縣八，戶一萬三千二百。

巫　北井　秦昌　信陵　興山　建始　秭歸故楚子國。　沙渠

宜都郡吳置。統縣三，戶八千七百。

夷陵　夷道　佷山

南平郡吳置，以爲南郡，太康元年改曰南平。統縣四，戶七千。

作唐　孱陵　南安　江安

武陵郡漢置。統縣十，戶一萬四千。

臨沅　龍陽　漢壽　沅陵　黚陽　酉陽　鐔城　沅南　遷陵　舞陽

天門郡吳置。統縣五，戶三千一百。

零陽　漊中　充　臨澧　澧陽

長沙郡漢置。統縣十，戶三萬三千。

臨湘　攸　下雋　醴陵　劉陽　建寧　吳昌　羅　蒲沂　巴陵

衡陽郡吳置，故屬長沙。統縣九，戶二萬三千。

湘鄉　重安　湘南　湘西　烝陽　衡山　連道　新康　益陽

湘東郡吳置，故屬長沙。統縣七，戶一萬九千五百。

酃　茶陵　臨烝　利陽　陰山　新平　新寧

零陵郡漢置。〔一五〕統縣十一，戶二萬五千一百。

泉陵有香茅，云古貢之以縮酒。　祁陽　零陵　營浦　洮陽　永昌　觀陽　營道　春陵〔一六〕　泠

道應陽東界有鼻墟，云象所封。

邵陵郡吳置。統縣六，戶一萬二千。

邵陵　都梁　夫夷　建興　邵陽　高平

桂陽郡漢置。統縣六，戶一萬一千三百。

郴項羽封義帝之邑。　耒陽　便　臨武　晉寧　南平

武昌郡吳置。統縣七，戶一萬四千八百。

武昌故東鄂也。楚子熊渠封中子紅於此。柴桑有湓口關。陽新　沙羨有夏口，對沔口，有津。沙陽　鄂有新興、馬頭鐵官。官陵

安成郡吳置。統縣七，戶三千。

平都　宜春　新諭　永新　安復　萍鄉　廣興

惠帝分桂陽、武昌、安成三郡立江州，以新城、魏興、上庸三郡屬梁州，又分義陽立隨郡，分南陽立新野郡，分江夏立竟陵郡。懷帝又分長沙、衡陽、湘東、零陵、邵陵、桂陽及廣州之始安、始興、臨賀九郡置湘州。時蜀亂，又割南郡之華容、州陵、監利三縣別立豐都，合四縣置成都郡，爲成都王穎國，居華容縣。愍帝建興中，併還南郡，亦併豐都於監利。元帝渡江，又僑立新興、南河東二郡。穆帝時，又分零陵立營陽郡，以義陽流人在南郡者立爲義陽郡。又以廣州之臨賀、始興、始安三郡及江州之桂陽，益州之巴東，合五郡來屬，以長沙、衡陽、湘東、零陵、邵陵、營陽六郡屬湘州。桓溫又分南郡立武寧郡。〔一七〕安帝又僑立南義陽、東義陽、長寧三郡。義熙十三年，省湘州，長沙、衡陽、湘東、零陵、邵陵、營陽還入荆州。

揚州。案禹貢淮海之地，舜置十二牧，則其一也。周禮：「東南曰揚州。」春秋元命包云：「牽牛流爲揚州，分爲越國。」以爲江南之氣躁勁，厥性輕揚。亦曰，州界多水，水波揚

也。於古則荒服之國，戰國時其地爲楚分。秦始皇幷天下，以置鄣、會稽、九江三郡。項羽封英布爲九江王，盡有其地。漢改九江曰淮南，即封布爲淮南王。六年，分淮南置豫章郡。十一年，布誅，立皇子長爲淮南王，封劉濞爲吳王，二國盡得揚州之地。文帝十六年，分淮南立廬江、衡山二郡。景帝四年，封皇子非爲江都王，幷得鄣、會稽郡，而不得豫章。武帝改江都曰廣陵，封皇子胥爲王而以屬徐州。元封二年，改鄣曰丹楊，改淮南復爲九江。後漢順帝分會稽立吳郡，揚州統會稽、丹楊、吳、豫章、九江、廬江六郡，省六安幷廬江郡。獻帝興平中，孫策分豫章立廬陵郡。孫權又分豫章立鄱陽郡，分丹楊立新都郡。孫亮又分豫章立臨川郡，分會稽立臨海郡。孫休又分會稽立建安郡。孫晧分會稽立東陽郡，分吳立吳興郡，分豫章、廬陵、長沙立安成郡，分廬陵立廬陵南部都尉，〔一八〕揚州統丹楊、吳、會稽、吳興、新都、東陽、臨海、建安、豫章、鄱陽、臨川、安成、廬陵南部十四郡。江西廬江、九江之地，自合肥之北至壽春悉屬魏。及晉平吳，以安成屬荆州，分丹楊之宣城、宛陵、陵陽、安吳、涇、廣德、寧國、懷安、石城、臨城、春穀十一縣立宣城郡，理宛陵，改新都曰新安郡，改廬陵南部爲南康郡，分建安立晉安郡，又分丹楊立毗陵郡。揚州合統郡十八，縣一百七十三，戶三十一萬一千四百。

丹楊郡漢置。統縣十一，戶五萬一千五百。

建鄴本秣陵，孫氏改爲建業。武帝平吳，以爲秣陵。太康三年，分秣陵北爲建鄴，改「業」爲「鄴」。　江寧太康二年，分建鄴置。　丹楊丹楊山多赤柳，在西也。　于湖　蕪湖　永世　溧陽溧水所出。　江乘　句容有茅山。　湖熟　秣陵

宣城郡太康二年置。統縣十一，戶二萬三千五百。

宛陵侯相。　彭澤聚在西南。　宣城　陵陽淮水出東北入江。仙人陵陽子明所居。　安吳　臨城　石城　涇　春穀孝武改春爲陽。　廣德　寧國　懷安

淮南郡秦置九江郡。漢以爲淮南國，漢武帝置爲九江郡。武帝改爲淮南郡。統縣十六，戶三萬三千四百。

壽春　成德　下蔡　義城　西曲陽　平阿有塗山。　歷陽　全椒　阜陵漢明帝時淪爲麻湖。　鍾離故州來邑。　合肥　逡遒　陰陵　當塗古塗山國。　東城　烏江

廬江郡漢置。統縣十，戶四千二百。

陽泉　舒故國，有桐鄉。　灊天柱山在南，有祠。　皖　尋陽　居巢桀死於此。　臨湖　襄安　龍舒　六故六國。

毗陵郡吳分會稽無錫已西爲屯田，置典農校尉。太康二年，省校尉爲毗陵郡。統縣七，戶一萬二千。

丹徒故朱方。　曲阿故雲陽。　武進　延陵　毗陵　暨陽　無錫有磨山、〔一九〕春申君祠。

吳郡漢置。統縣十一，戶二萬五千。

吳故國。具區在西。　嘉興　海鹽　鹽官　錢唐武林山，武林水所出。　富陽　桐廬　建德　壽昌

海虞　婁

吳興郡吳置。統縣十，戶二萬四千。

烏程　臨安　餘杭　武康故防風氏國。　東遷　於潛有潛水。　故鄣　安吉　原鄉　長城

會稽郡秦置。統縣十，戶三萬。

山陰會稽山在南，上有禹冢。　上虞有仇亭，舜避丹朱於此地。　餘姚有句餘山在南。　句章　鄞有鮚埼亭。　鄮

始寧　剡　永興　諸暨

東陽郡吳置。統縣九，戶一萬二千。

長山有赤松子廟。　永康　烏傷　吳寧　太末　信安　豐安　定陽　遂昌

新安郡吳置。統縣六，戶五千。

始新　遂安　黝〔三〇〕　歙　海寧　黎陽

臨海郡吳置。統縣八，戶一萬八千。

章安　臨海　始豐　永寧　寧海　松陽　安固　橫陽

建安郡故秦閩中郡，漢高帝五年以立閩越王。及武帝滅之，徙其人，名爲東冶，又更名東城。後漢改爲候官都尉，及吳置建安郡。統縣七，戶四千三百。

建安　吳興　東平　建陽　將樂　邵武　延平

晉安郡太康三年置。統縣八，戶四千三百。

原豐　新羅　宛平　同安　候官　羅江　晉安　溫麻

豫章郡漢置。統縣十六，戶三萬五千。

南昌　海昏　新淦　建城　望蔡　永修　建昌　吳平　豫章　彭澤　艾　康樂　豐城

新吳　宜豐　鍾陵

臨川郡吳置。統縣十，戶八千五百。

臨汝　西豐　南城　東興　南豐　永成　宜黃　安浦　西寧　新建

鄱陽郡吳置。統縣八，戶六千一百。

廣晉　鄱陽　樂安　餘汗　鄡陽　歷陵　葛陽　晉興

廬陵郡吳置。統縣十，戶一萬二千二百。

西昌　高昌　石陽　巴丘　南野　東昌　遂興　吉陽　興平　陽豐

南康郡太康三年置。統縣五，戶一千四百。

贛　雩都　平固　南康　揭陽〔三〕

惠帝元康元年，有司奏，荆、揚二州疆土廣遠，統理尤難，於是割揚州之豫章、鄱陽、廬陵、臨川、南康、建安、晉安，荆州之武昌、桂陽、安成，合十郡，因江水之名而置江州。永興元年，分廬江之尋陽、武昌之柴桑二縣置尋陽郡，屬江州，分淮南之烏江、歷陽二縣置歷陽郡。又以周玘創義討石冰，割吳興之陽羨幷長城縣之北鄉置義鄉、國山、臨津幷陽羨四縣，又分丹楊之永世置平陵及永世，凡六縣，立義興郡，以表玘之功，並屬揚州。又以毗陵郡封東海王世子毗，避毗諱，改爲晉陵。懷帝永嘉元年，又以豫章之彭澤縣屬尋陽郡。愍帝立，避帝諱改建鄴爲建康。元帝渡江，建都揚州，改丹楊太守爲尹，江州又置新蔡郡。尋陽郡又置九江、上甲二縣，尋又省九江縣入尋陽。是時司、冀、雍、涼、青、幷、兗、豫、幽、平諸州皆淪沒，江南所得但有揚、荆、湘、江、梁、益、交、廣，其徐州則有過半，豫州惟得譙城而已。明帝太寧元年，分臨海立永嘉郡，統永寧、安固、松陽、横陽等四縣，而揚州統丹楊、吳郡、吳興、新安、東陽、臨海、永嘉、宣城、義興、晉陵十一郡。〔三〕

自中原亂離，遺黎南渡，並僑置牧司在廣陵，丹徒南城，非舊土也。及胡寇南侵，淮南百姓皆渡江。成帝初，蘇峻、祖約爲亂於江淮，胡寇又大至，百姓南渡者轉多，乃於江南僑立淮南郡及諸縣，又於尋陽僑置松滋郡，遥隸揚州。咸康四年，僑置魏郡、廣川、高陽、堂邑等諸郡，幷所統縣並寄居京邑，改陵陽爲廣陽。孝武寧康二年，又分永嘉郡之永寧縣置樂成縣。是時上黨百姓南渡，僑立上黨郡爲四縣，寄居蕪湖。尋又省上黨郡爲縣，又罷襄城郡爲繁昌縣，並以屬淮南。安帝義熙八年，省尋陽縣入柴桑縣，柴桑仍爲郡，後又省上甲縣入彭澤縣。舊江州督荆州之竟陵郡，及何無忌爲刺史，表以竟陵去州遼遠，去江陵三百里，荆州所立綏安郡人戶入境，欲資此郡助江濱戍防，以竟陵郡還荆州。又司州之弘農、揚州之松滋二郡寄在尋陽，人戶雜居，並宜建督。安帝從之。後又省松滋郡爲松滋縣，弘農郡爲弘農縣，並屬尋陽郡。

交州。案禹貢揚州之域，是爲南越之土。秦始皇既略定揚越，以謫戍卒五十萬人守五嶺。自北徂南，入越之道，必由嶺嶠，時有五處，故曰五嶺。後使任囂、趙他攻越，略取陸梁地，遂定南越，以爲桂林、南海、象等三郡，非三十六郡之限，乃置南海尉以典之，所謂東南一尉也。漢初，以嶺南三郡及長沙、豫章封吳芮爲長沙王。十一年，以南武侯織爲南海王。陸賈使還，拜趙他爲南越王，割長沙之南三郡以封之。武帝元鼎六年，討平呂嘉，以其地爲南海、蒼梧、鬱林、合浦、日南、九眞、交阯七郡，蓋秦時三郡之地。元封中，又置儋耳、珠崖二郡，置交阯刺史以督之。昭帝始元五年，〔二三〕罷儋耳幷珠崖。元帝初元三年，〔二四〕又罷珠崖郡。後漢馬援平定交部，始調立城郭置井邑。順帝永和九年，〔二五〕交阯太守周敞求立爲州，朝議不許，即拜敞爲交阯刺史。桓帝分立高興郡，靈帝改曰高涼。建安八年，張津爲刺史，士燮爲交阯太守，共表立爲州，乃拜津爲交州牧。十五年，移居番禺，詔以邊州使持節，郡給鼓吹，以重城鎮，加以九錫六佾之舞。吳黃武五年，割南海、蒼梧、鬱林三郡立廣州，〔二六〕交阯、日南、九眞、合浦四郡爲交州。戴良爲刺史，值亂不得入，呂岱擊平之，復還幷交部。赤烏五年，復置珠崖郡。永安七年，復以前三郡立廣州。及孫晧，又立新昌、武平、九德三郡。蜀以李恢爲建寧太守，遙領交州刺史。晉平蜀，以蜀建寧太守霍弋遙領交州，得以便宜選用長吏。平吳後，省珠崖入合浦。交州統郡七，縣五十三，戶二萬五千六百。

合浦郡漢置。統縣六，戶二千。

合浦　南平　蕩昌　徐聞　毒質　珠官

交阯郡漢置。統縣十四，戶一萬二千。

龍編　苟屚　望海　羸𨻻　西于　武寧　朱鳶　曲昜　交興　北帶　稽徐　安定　南定　海平

新昌郡吳置。統縣六，戶三千。

麊泠婦人徵側爲主處，馬援平之。　嘉寧　吳定　封山　臨西　西道

武平郡吳置。統縣七，戶五千。

武寧　武興　進山　根寧　安武　扶安　封溪

九眞郡漢置。統縣七，戶三千。

胥浦　移風　津梧　建初　常樂　扶樂　松原

九德郡吳置，周時越常氏地。統縣八，無戶。

九德　咸驩　南陵　陽遂　扶苓　曲胥　浦陽　都洨

日南郡秦置象郡，漢武帝改名焉。統縣五，戶六百。

象林自此南有四國，其人皆云漢人子孫。今有銅柱，亦是漢置此爲界。貢金供稅也。　盧容象郡所居。　朱吾　西卷　比景

廣州。案禹貢揚州之域，秦末趙他所據之地。及漢武帝，以其地爲交阯郡。至吳黃武五年，分交州之南海、蒼梧、鬱林、高梁四郡立爲廣州，俄復舊。永安六年，復分交州置廣州，分合浦立合浦北部，以都尉領之。孫晧分鬱林立桂林郡。及太康中，吳平，遂以荆州始安、始興、臨賀三郡來屬。合統郡十，縣六十八，戶四萬三千一百二十。

南海郡秦置。統縣六，戶九千五百。

番禺　四會　增城　博羅　龍川　平夷

臨賀郡吳置。統縣六，戶二千五百。

臨賀　謝沐　馮乘　封陽　興安　富川

始安郡吳置。統縣七，戶六千。

始安　始陽　平樂　荔浦　常安　熙平　永豐

始興郡吳置。統縣七，戶五千。

曲江　桂陽　始興　含洭　湞陽　中宿　陽山

蒼梧郡漢置。統縣十二，戶七千七百。

廣信　端溪　高要　建陵　新寧　猛陵　鄣平　農城　元谿　臨允　都羅　武城

鬱林郡秦置桂林郡，〔二七〕漢武帝更名。統縣九，戶六千。

布山　阿林〔二八〕　新邑　晉平　始建　鬱平　領方　武熙　安廣

桂林郡吳置。統縣八，戶二千。

潭中　武豐　粟平　羊平　龍剛　夾陽　武城　軍騰

高涼郡吳置。統縣三，戶二千。

安寧　高涼　思平

高興郡吳置。統縣五，戶一千二百。

廣化　海安　化平　黃陽〔二九〕　西平

寧浦郡吳置。統縣五，戶一千二百二十。

寧浦　連道〔三〇〕　吳安　昌平〔三一〕　平山

武帝後省高興郡。懷帝永嘉元年，又以臨賀、始興、始安三郡凡二十縣爲湘州。元帝分鬱林立晉興郡。成帝分南海立東官郡，以始興、臨賀二郡還屬荆州。穆帝分蒼梧立晉康、新寧、永平三郡。哀帝太和中置新安郡，安帝分東官立義安郡，恭帝分南海立新會郡。

校勘記

〔一〕景帝以爲北海郡　馬校：漢志有齊郡，有北海郡，續漢志有齊國，有北海國，未嘗併改也。志無北海郡，此處「景帝以爲北海郡」七字殊不連屬。今合觀下文「濟南郡」諸縣，知「青州」「齊國」之後原列「北海」「濟南」二郡，因脫去「北海郡」原文及其屬縣，惟存平壽、下密、膠東、卽墨四縣；又脫去「濟南郡」屬縣，惟存祝阿一縣。而此「景帝以爲北海郡」七字本「北海郡」下原文僅存未脫。後之校錄者不加詳察，漫以平壽等四縣竄入「濟南郡」下，以此七字竄入「齊國」下。按：馬說是。晉有北海郡，武紀、宗室傳、文六王傳、劉敏傳、石垣傳、王猛傳及左傳莊公元年杜注皆可證。

〔二〕高密漢改爲郡　「郡」，各本作「都」，今從宋本作「郡」。據漢志下，高密爲國。然後漢書張步傳載張步以張壽爲高密太守，則漢末或新莽曾廢國爲郡。

〔三〕黃有萊山松林萊君祠䐵侯國有百支萊王祠　「萊君祠」、「百支萊王祠」之「萊」，各本作「來」，「䐵」，各本作「惤」，今從殿本作「萊」「䐵」，與漢志上合。

〔四〕惠帝元康十年　舉正：元康只九年。

〔五〕又分城陽之黔陬壯武淳于昌安高密平昌營陵安丘大劇臨朐十一縣爲高密國　考異：營陵以下五縣皆隸東莞，不隸城陽，恐有脫文。又東莞有廣縣，此云「大」者，疑避隋煬諱改。

〔六〕厚丘　各本作「原丘」，殿本作「厚丘」，今從殿本，與漢志上、續漢志三、水經沭水注、寰宇記二二合。下同。

〔七〕海陵　原作「海陽」。馬校：「陽」當作「陵」。左傳哀公十二年杜注有廣陵海陵縣，是當時作「海陵」。餘詳清一統志。按：馬說是，今據改。

〔八〕南太平　考異：晉無太平郡，當是「廣平」之誤。宋志謂永初郡國有廣平郡。十駕齋養新錄六：此沿襲隋諱改「廣」爲「大」，後人妄改爲「太」耳。

〔九〕青幷合兗州　「青」下原有「州」字。馬校：「青州」「州」字當衍。宋志南徐州下云「後又以幽、冀合徐，青、幷合兗」，卽此志所本。按：馬說是，今據刪。

〔一〇〕縣一百六十九　「九」，各本作「七」，今從殿本，與所領總數合。

〔一一〕統縣十一　「一」，各本作「二」，今從殿本作「一」，與所領縣數合。

〔一二〕厥西平氏　各本以「厥」爲一縣，「西平氏」爲一縣。殿本以「厥西」爲一縣，「平氏」爲一縣。今從殿本。宋志三引太康地志有「厥西」，漢志上、續漢志四、元和郡縣志有「平氏」，「平氏」又見後漢書法雄傳、劉玄傳、魏志宗室傳。

〔一三〕綏陽　各本作「緩陽」，今從殿本作「綏陽」，與宋志三、華陽國志二合。

〔一四〕晉興　方校：「晉興」當作「興晉」，見宋志三。按：羊玄之傳謂玄之封興晉侯，則晉時仍名「興晉」。

〔一五〕零陵郡漢置　「漢」，各本作「吳」，今從宋本作「漢」，與漢志上、續漢志四合。

〔一六〕春陵　本作「春陽」。斠注：宋志、水經湘水注皆作「春陵」。按：南齊書州郡志下亦作「春陵」。本書易雄傳載雄爲春陵令，則晉仍名春陵，「陽」乃誤字，今據改。

〔一七〕桓溫又分南郡立武寧郡　據桓玄傳及宋志三，立武寧郡乃桓玄。

〔一八〕分廬陵立廬陵南部都尉　「廬陵」，各本作「廬江」，殿本作「廬陵」，今從殿本，與元和郡縣志所述合。

〔一九〕磨山　斠注：漢志作「歷山」，「歷」「磨」形近致譌。按：當從漢志上作「歷」。今無錫之惠山與舜山皆亦名歷山。

〔二〇〕黝　漢志上作「黝」，顏師古注「字本作『黟』」。水經漸江水注、宋志一、南齊書州郡志上、吳志賀齊傳、輿地廣記二四字並作「黟」。王念孫漢書雜志謂當作「黟」，「黝」乃形近誤。

〔二一〕揭陽　各本作「揭楊」，殿本作「揭陽」，今從殿本，與宋志二、太平寰宇記一〇八合。

〔二二〕揚州統丹楊至晉陵十一郡　考異：自丹楊至晉陵止十郡，蓋脫會稽一郡。

〔二三〕昭帝始元五年　「始元」原誤倒作「元始」，今乙正。

〔二四〕元帝初元三年　「初元」原誤倒作「元初」，今乙正。

〔二五〕順帝永和九年　斠注：永和終於六年，疑「九」爲「六」之誤。

〔二六〕割南海蒼梧鬱林三郡立廣州　勞校：廣州篇云南海、蒼梧、鬱林、高梁四郡，此脫「高梁」二字，又誤「四」爲「三」。

〔二七〕秦置桂林郡　「桂林郡」原無「林」字，今據商榷說及漢志下補。

〔二八〕阿林　各本作「柯林」，宋本作「阿林」，今從宋本。斠注：兩漢志、宋志、水經泿水注、御覽八二〇引顧微廣州記均作「阿林」。

〔二九〕黃陽　宋志四：「莫陽令，晉太康地志有，屬高興。」元和郡縣補志八亦謂「晉分置莫陽縣」。馬校：寰宇記謂以莫陽江得名。疑「黃」爲「莫」之誤字。

〔三〇〕連道　宋志四：「興道令，晉武帝太康元年以合浦北部營之連道立。」馬校：晉縣當曰「興道」。

〔三一〕昌平　宋志四引太康地志寧浦本名昌平，武帝太康元年更名。上文既出寧浦，「昌平」疑重出。南齊書州郡志上、隋志下有寧浦，無昌平，亦可證。

晉書卷十六

志第六

律曆上

易曰：「形而上者謂之道，形而下者謂之器。」夫神道廣大，妙本於陰陽；形器精微，義先於律呂。聖人觀四時之變，刻玉紀其盈虛，察五行之聲，鑄金均其清濁，所以遂八風而宣九德，和大樂而成政道。然金質從革，侈弇無方；竹體圓虛，修短利制。是以神瞽作律，用寫鍾聲，乃紀之以三，平之以六，成於十二，天之道也。又叶時日於晷度，效地氣於灰管，故陰陽和則景至，律氣應則灰飛。灰飛律通，吹而命之，則天地之中聲也。故可以範圍百度，化成萬品，則虞書所謂「叶時月正日，同律度量衡」者也。中聲節以成文，德音章而和備，則可以動天地，感鬼神，導性情，移風俗。叶言志於詠歌，鑒盛衰於治亂，故君子審聲以知音，審音以知樂，審樂以知政，蓋由茲道。太史公律書云：「王者制事立物，法度軌則，〔一〕一稟於六律。六律爲萬事之本，其於兵械尤所重焉。故云望敵知吉凶，聞聲效勝負，百王不易之道也。」

及秦氏滅學，其道浸微。漢室初興，丞相張蒼首言音律，未能審備。孝武帝創置協律之官，司馬遷言律呂相生之次詳矣。及王莽之際，考論音律，劉歆條奏，大率有五：一曰備數，一、十、百、千、萬也；二曰和聲，宮、商、角、徵、羽也；三曰審度，分、寸、尺、丈、引也；四曰嘉量，籥、合、升、斗、斛也；五曰權衡，銖、兩、斤、鈞、石也。班固因而志之。蔡邕又記建武已後言律呂者，至司馬紹統採而續之。漢末天下大亂，樂工散亡，器法堙滅。魏武始獲杜夔，使定樂器聲調。夔依當時尺度，權備典章。及武帝受命，遵而不革。至泰始十年，光祿大夫荀勖奏造新度，更鑄律呂。元康中，勖子藩嗣其事，未及成功，屬永嘉之亂，中朝典章，咸沒於石勒。及元帝南遷，皇度草昧，禮容樂器，掃地皆盡，雖稍加採掇，而多所淪胥，終于恭、安，〔三〕竟不能備。今考古律相生之次，及魏武已後言音律度量者，以志于篇云。

傳云「十二律，黃帝之所作也。使伶倫自大夏之西，乃之崑崙之陰，取竹之嶰谷生，其竅厚均者，斷兩節間長三寸九分而吹之，以爲黃鍾之宮，曰含少。次制十二竹筩，寫鳳之鳴，雄鳴爲六，雌鳴亦六，以比黃鍾之宮，皆可以生之以定律呂。則律之始造，以竹爲管，取其自然圓虛也」。又云「黃帝作律，以玉爲管，長尺，六孔，爲十二月音。至舜時，西王母獻昭華之琯，以玉爲之」。及漢章帝時，零陵文學奚景於泠道舜祠下得白玉琯。又武帝太康元年，汲郡盜發六國時魏襄王冢，亦得玉律。則古者又以玉爲管矣。以玉者，取其體含廉潤也。而漢平帝時，王莽又以銅爲之。銅者，自名也，所以同天下，齊風俗也。爲物至精，不爲燥溼寒暑改節，介然有常，似士君子之行，故用焉。

周禮，太師掌六律、六呂，以合陰陽之聲。六律陽聲，黃鍾、太蔟、姑洗、蕤賓、夷則、無射也；六呂陰聲，大呂、應鍾、南呂、林鍾、仲呂、夾鍾也。又有太師則執同律以聽軍聲，而詔以吉凶。其典同掌六律六呂之和，〔三〕以辯天地四方陰陽之聲，以爲樂器，皆以十有二律而爲之數度，以十有二聲而爲之齊量焉。

及周景王將鑄無射，問律於泠州鳩，對曰：「夫六，中之色，故名之曰黃鍾，〔四〕所以宣養六氣九德也。由是第之。二曰太蔟，所以金奏贊陽出滯也。三曰姑洗，所以羞潔百物，考神納賓也。四曰蕤賓，所以安靜神人，獻酬交酢也。五曰夷則，所以詠歌九德，平人無貳也。六曰無射，所以宣布哲人之令德，示人軌儀也。爲之六間，以揚沈伏而黜散越也。元間大呂，助宣物也。二間夾鍾，出四隙之細也。三間中呂，宣中氣也。四間林鍾，和展百事，俾莫不任肅純恪也。五間南呂，贊陽秀也。六間應鍾，均利器用，俾應復也。」此皆所以律述時氣效節物也。

及秦始皇焚書蕩覆，典策缺亡，諸子瑣言時有遺記。呂不韋春秋言：黃鍾之宮，律之本也，下生林鍾，林鍾上生太蔟，太蔟下生南呂，南呂上生姑洗，姑洗下生應鍾，應鍾上生蕤賓，蕤賓下生大呂，大呂下生夷則，夷則上生夾鍾，夾鍾下生無射，無射上生中呂。三分所生，益其一分以上生；三分所生，去其一分以下生。後代之言音律者多宗此說。

及漢興，承秦之弊，張蒼首治律曆，頗未能詳。故孝武帝正樂，乃置協律之官，雖律呂清濁之體粗正，金石高下之音有準，然徒捃採遺存，以成一時之制，而數猶用五。

時淮南王安延致儒博，亦爲律呂。云黃鍾之律九寸而宮音調，因而九之，九九八十一，故黃鍾之數立焉，位在子。林鍾位在未，其數五十四。太蔟其數七十二，南呂之數四十八，姑洗之數六十四，應鍾之數四十二，蕤賓之數五十七，大呂之數七十六，夷則之數五十一，夾鍾之數六十八，無射之數四十五，中呂之數六十，極不生。以黃鍾爲宮，太蔟爲商，姑洗爲角，林鍾爲徵，南呂爲羽。宮生徵，徵生商，商生羽，羽生角，角生應鍾，不比正音，故爲和；〔五〕應鍾生蕤賓，不比正音，故爲繆。日冬至，音比林鍾浸以濁。日夏至，音比黃鍾浸以清。十二律應二十四時之變。甲子，中呂之徵也。丙子，夾鍾之羽也。戊子，黃鍾之宮也。庚子，無射之商也。壬子，夷則之角也。其爲音也，一律而生五音，十二律而爲六十音。因而六之，六六三十六，故三百六十音以當一歲之日。故律曆之數，天地之道也。

司馬遷八書言律呂，粗舉大經，著於前史。則以太極元氣函三爲一，而始動於子，十二律之生，必所起焉。於是參一於丑得三，因而九三之，舉本位合十辰，得一萬九千六百八十三，謂之成數，以爲黃鍾之法。又參之律於十二辰，得十七萬七千一百四十七，謂之該數，以爲黃鍾之實。實如法而一，得黃鍾之律長九寸，十一月冬至之氣應焉。蓋陰陽合德，氣鍾於子，而化生萬物，則物之生莫不函三。故十二律空徑三分，而上下相生，皆損益以三。其術則因黃鍾之長九寸，以下生者倍其實，三其法；以上生者，四其實，三其法。所以明陽下生陰，陰上生陽。

起子，爲黃鍾九寸，一。

丑，三分之二。

寅，九分之八。

卯，二十七分之十六。

辰，八十一分之六十四。

巳，二百四十三分之一百二十八。

午，七百二十九分之五百一十二。

未，二千一百八十七分之一千二十四。

申，六千五百六十一分之四千九十六。

酉，一萬九千六百八十二分之八千一百九十二。

戌，五萬九千四十九分之三萬二千七百六十八。

亥，十七萬七千一百四十七分之六萬五千五百三十六。

如是周十二辰，在六律爲陽，則當位自得而下生陰，在六呂爲陰，則得其所衡而上生於陽，推算之術無重上生之法也。所謂律取妻，呂生子，陰陽升降，律呂之大經也。而遷又言十二律之長，今依淮南九九之數，則蕤賓爲重上。又言五音相生，而以宮生角，角生商，商生徵，徵生羽，羽生宮。求其理用，罔見通途。

及元始中，王莽輔政，博徵通知鍾律者，考其音義，使羲和劉歆典領調奏。班固漢書採而志之，其序論雖博，而言十二律損益次第，自黃鍾長九寸，三分損一，下生林鍾，長六寸。三分益一，上生太蔟而左旋，八八爲位。〔六〕一上一下，終於無射，下生中呂。校其相生所得，與司馬遷正同。班固採以爲志。

元帝時，郎中京房知五音六十律之數，上使太子太傅玄成、諫議大夫章雜試問房於樂府，房對：「受學於故小黃令焦延壽。六十律相生之法：以上生下，皆三生二；以下生上，皆三生四。陽下生陰，陰上生陽，終於中呂，而十二律畢矣。中呂上生執始，執始下生去滅。

上下相生，終於南事，而六十律畢矣。夫十二律之變至於六十，猶八卦之變至於六十四也。宓犧作易，紀陽氣之初以爲律法。建日冬至之聲，以黃鍾爲宮，太蔟爲商，姑洗爲角，林鍾爲徵，南呂爲羽，應鍾爲變宮，蕤賓爲變徵，此聲氣之元，五音之正也。故各統一日，其餘以次運行，當日者各自爲宮，而商角徵羽以類從焉。禮運曰『五聲、六律、十二管還相爲宮』，此之謂也。以六十律分朞之日，黃鍾自冬至始，及冬至而復，陰陽、寒燠、風雨之占生焉。於以檢攝羣音，考其高下，苟非革木之聲，則無不有所合。虞書曰『律和聲』，此之謂也。」

京房又曰：「竹聲不可以度調，故作準以定數。準之狀如瑟，而長丈，十三弦，隱間九尺，以應黃鍾之律九寸。中央一弦，下有畫分寸，以爲六十律清濁之節。」房言律詳於歆所奏，其術施行於史官，候部用之，文多不悉載。截管爲律，吹以考聲，列以效氣，道之本也。術家以其聲微而體難知，其分數不明，故作準以代之。準之聲明暢易達，分寸又粗，然弦以緩急清濁，非管無以正也。均其中弦，令與黃鍾相得，案畫以求諸律，則無不如數而應者矣。續漢志具載其六十律準度數，其相生之次與呂覽、淮南同。

漢章帝元和元年，待詔候鍾律殷肜上言：「官無曉六十律以準調音者。故待詔嚴崇具以準法教子男宣，〔七〕願召宣補學官，主調樂器。」詔曰：「崇子學審曉律，別其族，協其聲者，審試。不得依託父學，以聾爲聰。聲微妙，獨非莫知，獨是莫曉。以律錯吹，能知命十二律不失一，乃爲能傳崇學耳。」試宣十二律，其二中，其四不中，其六不知何律，宣遂罷。自此律家莫能爲準。

靈帝熹平六年，東觀召典律者太子舍人張光等問準意，光等不知，歸閱舊藏，乃得其器。形制如房書，猶不能定其弦緩急。音，不可書以曉人，知之者欲教而無從，心達者體知而無師，故史官能辨清濁者遂絕。其可以相傳者，唯候氣而已。

漢末紛亂，亡失雅樂。魏武時，河南杜夔精識音韵，爲雅樂郎中，令鑄銅工柴玉鑄鍾，其聲均清濁多不如法，數毀改作，玉甚厭之，謂夔清濁任意，更相訴白於魏武王。魏武王取玉所鑄鍾雜錯更試，然後知夔爲精，於是罪玉。

泰始十年，中書監荀勖、中書令張華出御府銅竹律二十五具，部太樂郎劉秀等校試，其三具與杜夔及左延年律法同，其二十二具，視其銘題尺寸，是笛律也。問協律中郎將列和，辭：「昔魏明帝時，令和承受笛聲以作此律，欲使學者別居一坊，歌詠講習，依此律調。至於都合樂時，但識其尺寸之名，則絲竹歌詠，皆得均合。歌聲濁者用長笛長律，歌聲清者用短笛短律。凡絃歌調張清濁之制，不依笛尺寸名之，則不可知也。」

勖等奏：「昔先王之作樂也，以振風蕩俗，饗神祐賢，必協律呂之和，以節八音之中。是故郊祀朝宴，用之有制，歌奏分敍，清濁有宜。故曰『五聲、十二律還相爲宮』，此經傳記籍可得而知者也。如和對辭，笛之長短無所象則，率意而作，不由曲度。考以正律，皆不相應；吹其聲均，多不諧合。又辭『先師傳笛，別其清濁，直以長短。工人裁制，舊不依律』。是爲作笛無法。而和寫笛造律，又令琴瑟歌詠，從之爲正，非所以稽古先哲，垂憲于後者也。謹條牒諸律，問和意狀如左。及依典制，用十二律造笛象十二枚，聲均調和，器用便利。講肄彈擊，必合律呂，況乎宴饗萬國，奏之廟堂者哉？雖伶夔曠遠，至音難精，猶宜儀形古昔，以求厥衷，合乎經禮，於制爲詳。若可施用，請更部笛工選竹造作，下太樂樂府施行。平議諸杜夔、左延年律可皆留，其御府笛正聲、下徵各一具，皆銘題作者姓名，其餘無所施用，還付御府毀。」奏可。

勗又問和：「作笛爲可依十二律作十二笛，令一孔依一律，然後乃以爲樂不？」和辭：「太樂東廂長笛正聲已長四尺二寸，今當復取其下徵之聲。於法，聲濁者笛當長，計其尺寸乃五尺有餘，和昔日作之，不可吹也。又，笛諸孔雖不校試，意謂不能得一孔輒應一律也。」案太樂四尺二寸笛正聲均應蕤賓，以十二律還相爲宮，推法下徵之孔當應律大呂。大呂笛長二尺六寸有奇，不得長五尺餘。輒令太樂郎劉秀、鄧昊等依律作大呂笛以示和，又吹七律，一孔一校，聲皆相應。然後令郝生鼓箏，宋同吹笛，以爲雜引、相和諸曲。和乃辭曰：「自和父祖漢世以來，笛家相傳，不知此法，而令調均與律相應，實非所及也。」郝生、魯基、种整、朱夏皆與和同。

又問和：「笛有六孔，及其體中之空爲七，和爲能盡名其宮商角徵不？孔調與不調，以何檢知？」和辭：「先師相傳，吹笛但以作曲，相語爲某曲當舉某指，初不知七孔盡應何聲也。若當作笛，其仰尚方笛工依案舊像訖，但吹取鳴者，初不復校其諸孔調與不調也。」案周禮調樂金石，有一定之聲，是故造鍾磬者先依律調之，然後施於廂懸。作樂之時，諸音皆受鍾磬之均，卽爲悉應律也。至於饗宴殿堂之上，無廂懸鍾磬，以笛有一定調，故諸絃歌皆從笛爲正，是爲笛猶鍾磬，宜必合於律呂。如和所對，直以意造，率短一寸，七孔聲均，不知其皆應何律，調與不調，無以檢正，唯取竹之鳴者，爲無法制。輒部郎劉秀、鄧昊、王豔、魏邵等與笛工參共作笛，工人造其形，律者定其聲，然後器象有制，音均和協。

又問和：「若不知律呂之義作樂，音均高下清濁之調，當以何名之？」和辭：「每合樂時，隨歌者聲之清濁，用笛有長短。假令聲濁者用三尺二笛，因名曰此三尺二調也；聲清者用二尺九笛，因名曰此二尺九調也。漢魏相傳，施行皆然。」案周禮奏六樂，乃奏黃鍾，歌大呂；乃奏太蔟，歌應鍾，皆以律呂之義，紀歌奏清濁。而和所稱以二尺、三尺爲名，雖漢魏用之，俗而不典。部郎劉秀、鄧昊等以律作笛，三尺二寸者應無射之律，若宜用長笛，執樂者曰請奏無射；二尺八寸四分四氂應黃鍾之律，若宜用短笛，執樂者曰請奏黃鍾。則歌奏之義，若合經禮，考之古典，於制爲雅。書曰：「予欲聞六律、五聲、八音，在治忽。」周禮、國語載六律六同，禮記又曰「五聲、十二律還相爲宮」。劉歆、班固撰律曆志亦紀十二律，惟京房始創六十律。至章帝時，其法已絕，蔡邕雖追紀其言，亦曰今無能爲者。依案古典及今音家所用，六十律者無施於樂。謹依典記，以五聲、十二律還相爲宮之法，制十二笛象，記注圖側，如別，省圖，不如視笛之孔，故復重作蕤賓伏孔笛。其制云：

黃鍾之笛，正聲應黃鍾，下徵應林鍾，長二尺八寸四分四氂有奇。正聲調法，以黃鍾爲宮，則姑洗爲角，翕笛之聲應姑洗，故以四角之長爲黃鍾之笛也。其宮聲正而不倍，故曰正聲。

正聲調法：黃鍾爲宮，第一孔也。應鍾爲變宮，第二孔也。南呂爲羽，第三孔也。林鍾爲徵，第四孔也。蕤賓爲變徵，第五附孔也。姑洗爲角，笛體中聲。太蔟爲商。笛後出孔也。商聲濁於角，當在角下，而角聲以在體中，故上其商孔，令在宮上，淸於宮也。然則宮商正也，餘聲皆倍也；是故從宮以下，孔轉下轉濁也。此章記笛孔上下次第之名也。下章說律呂相生，笛之制也。正聲調法，黃鍾爲宮。作黃鍾之笛，將求宮孔，以姑洗及黃鍾律，從笛首下度之，盡二律之長而爲孔，則得宮聲也。宮生徵，黃鍾生林鍾也。以林鍾之律從宮孔下度之，盡律作孔，則得徵聲也。徵生商，林鍾生太蔟也。以太蔟律從徵孔上度之，盡律以爲孔，則得商聲也。商生羽，太蔟生南呂也。以南呂律從商孔下度之，盡律爲孔，則得羽聲也。羽生角，南呂生姑洗也。以姑洗律從羽孔上行度之，盡律而爲孔，則得角聲也。然則出於商孔之上，吹笛者左手所不及也。從羽孔下行度之，盡律而爲孔，亦得角聲，出於商附孔之下，則吹者右手所不逮也，故不作角孔。推而下之，復倍其均，是以角聲在笛體中，古之制也。晉家舊法，雖一倍再倍，但令均同，適足爲唱和之聲，無害於曲均故也。國語曰，匏竹利制，議宜，謂便於事用從宜者也。角生變宮，姑洗生應鍾也。上句所謂當爲角孔而出於商上者，墨點識之，以應鍾律。從此點下行度之，盡律爲孔，則得變宮之聲也。變宮生變徵，應鍾生蕤賓也。以蕤賓律從變宮下度之，盡律爲孔，則得變徵之聲。十二笛之制，各以其宮爲主，相生之法，或倍或半，其便事用，例皆一也。

下徵調法：林鍾爲宮，第四孔也。本正聲黃鍾之徵。徵清，當在宮上，用笛之宜，倍令濁下，故曰下徵。下徵更爲宮者，記所謂「五聲，十二律還相爲宮」也。然則正聲清，下徵爲濁也。南呂爲商，第三孔也。本正聲黃鍾之羽，今爲下徵之商也。應鍾爲角，第二孔也。本正聲黃鍾之變宮，今爲下徵之角也。黃鍾爲變徵，下徵之調，林鍾爲宮，大呂當爲變徵，而黃鍾笛本無大呂之聲，故假用黃鍾以爲變徵也。假用之法，當爲變徵之聲，則俱發黃鍾及太蔟、應鍾三孔。黃鍾應濁而太蔟清，大呂律在二律之間，俱發三孔而微磑磑之，則得大呂變徵之聲矣。諸笛下徵調求變徵之法，皆如此也。太蔟爲徵，笛後出孔。本正聲之商，今爲下徵之徵也。姑洗爲羽，笛體中翕聲。本正聲之角，今爲下徵之羽。蕤賓爲變宮。附孔是也。本正聲之變徵也，今爲下徵之變宮也。然則正聲之調，孔轉下轉濁；下徵之調，孔轉上轉清也。

清角之調：以姑洗爲宮，即是笛體中翕聲。於正聲爲角，於下徵爲羽。清角之調乃以爲宮，而哨吹令清，故曰清角。惟得爲宛詩謠俗之曲，不合雅樂也。蕤賓爲商，正也。林鍾爲角，非正也。南呂爲變徵，非正也。應鍾爲徵，正也。黃鍾爲羽，非正也。太蔟爲變宮。非正也。清角之調，唯宮、商及徵與律相應，餘四聲非正者皆濁，一律哨吹令清，假而用之，其例一也。

凡笛體用角律，其長者八之，蕤賓、林鍾也。短者四之。其餘十笛，皆四角也。空中實容，長者十六。短笛竹宜受八律之黍也。若長短大小不合於此，或器用不便聲均法度之齊等也。然笛竹率上大下小，不能均齊，必不得已，取其聲均合。三宮，一曰正聲，二曰下徵，三曰清角也。二十一變也。宮有七聲，錯綜用之，故二十一變也。諸笛例皆一也。伏孔四，所以便事用也。〔八〕一曰正角，出於商上者也；二曰倍角，近笛下者也；三曰變宮，近於宮孔，倍令下者也；四曰變徵，遠於徵孔，倍令高者也。或倍或半，或四分一，取則於琴徵也。四者皆不作其孔，而取其度，以應進退上下之法，所以協聲均，便事用也。其本孔隱而不見，故曰伏孔也。

大呂之笛，正聲應大呂，下徵應夷則，長二尺六寸六分三釐有奇。

太蔟之笛，正聲應太蔟，下徵應南呂，長二尺五寸三分一釐有奇。〔九〕

夾鍾之笛，正聲應夾鍾，下徵應無射，長二尺四寸。

姑洗之笛，正聲應姑洗，下徵應應鍾，長二尺二寸三分三釐有奇。〔一〇〕

蕤賓之笛，正聲應蕤賓，下徵應大呂，長三尺九寸九分五釐有奇。變宮近宮孔，故倍半令下，便於用也。林鍾亦如之。

林鍾之笛，正聲應林鍾，下徵應太蔟，長三尺七寸九分七氂有奇。〔一一〕

夷則之笛，正聲應夷則，下徵應夾鍾，長三尺六寸。變宮之法，亦如蕤賓，體用四角，故四分益一也。

南呂之笛，正聲應南呂，下徵應姑洗，長三尺三寸七分有奇。〔一二〕

無射之笛，正聲應無射，下徵應中呂，長三尺二寸。

應鍾之笛，正聲應應鍾，下徵應蕤賓，長二尺九寸九分六氂有奇。〔一三〕

五音十二律

土音宮，數八十一，爲聲之始。屬土者，以其最濁，君之象也。季夏之氣和，則宮聲調。宮亂則荒，其君驕。黄鍾之宮，律最長也。

火音徵，三分宮去一以生，其數五十四。屬火者，以其徵清，事之象也。夏氣和，則徵聲調。徵亂則哀，其事勤也。

金音商，三分徵益一以生，其數七十二。屬金者，以其濁次宮，臣之象也。秋氣和，則商聲調。商亂則詖，其官壞也。

水音羽，三分商去一以生，其數四十八。屬水者，以爲最清，物之象也。冬氣和，則羽聲調。羽亂則危，其財匱也。

木音角，三分羽益一以生，其數六十四。屬木者，以其清濁中，人之象也。春氣和，則角聲調。角亂則憂，其人怨也。

凡聲尊卑，取象五行，數多者濁，數少者清；大不過宮，細不過羽。

十一月，律中黃鍾，律之始也，長九寸。仲冬氣至，則其律應，所以宣養六氣九德也。〔一四〕班固三分損一，下生林鍾。

十二月，律中大呂，司馬遷未下生之律，長四寸二百四十三分寸之五十二，倍之爲八寸二百四十三分寸之一百四。季冬氣至，則其律應，所以助宣物也。三分益一，上生夷則；京房三分損一，下生夷則。

正月，律中太蔟，未上生之律，長八寸。孟春氣至，則其律應，所以贊陽出滯也。三分損一，下生南呂。

二月，律中夾鍾，酉下生之律，長三寸二千一百八十七分寸之一千六百三十一，倍之爲七寸二千一百八十七分寸之一千七十五。仲春氣至，則其律應，所以出四隙之細也。三分益一，上生無射；京房三分損一，下生無射。

三月，律中姑洗，酉上生之律，長七寸九分寸之一。季春氣至，則其律應，所以修絜百物，考神納賓也。三分損一，下生應鍾。

四月，律中中呂，亥下生之律，長三寸萬九千六百八十三分寸之六千四百八十七，倍之爲六寸萬九千六百八十三分寸之萬二千九百七十四。孟夏氣至，則其律應，所以宣中氣也。

五月，律中蕤賓，亥上生之律，長六寸八十一分寸之二十六。仲夏氣至，則其律應，所以安靜人神，獻酬交酢也。三分損一，下生大呂；京房三分益一，上生大呂。

六月，律中林鍾，丑下生之律，長六寸。季夏氣至，則其律應，所以和展百物，俾莫不任肅純恪也。三分益一，上生太族。

七月，律中夷則，丑上生之律，長五寸七百二十九分寸之四百五十一。孟秋氣至，則其律應，所以詠歌九則，平百姓而無貸也。三分損一，下生夾鍾；京房三分益一，上生夾鍾。

八月，律中南呂，卯下生之律，長五寸三分寸之一。仲秋氣至，則其律應，所以贊陽秀也。三分益一，上生姑洗。

九月，律中無射，卯上生之律，長四寸六千五百六十一分寸之六千五百二十四。季秋氣至，則其律應，所以宣布哲人之令德，示人軌儀也。三分損一，下生中呂；京房三分益一，上生中呂。

十月，律中應鍾，巳下生之律，長四寸二十七分寸之二十。孟冬氣至，則其律應，所以均利器用，俾應復也。三分益一，上生蕤賓。

淮南、京房、鄭玄諸儒言律曆，皆上下相生，至蕤賓又重上生大呂，長八寸二百四十三分寸之百四；夷則上生夾鍾，長七寸千一百八十七分寸之千七十五；無射上生中呂，長六寸萬九千六百八十三分寸之萬二千九百七十四：此三品於司馬遷、班固所生之寸數及分皆倍焉，餘則並同。斯則泠州鳩所謂六閒之道，揚沈伏，黜散越，假之爲用者也。變通相半，隨事之宜，贊助之法也。凡音聲之體，務在和均，益則加倍，損則減半，其於本音恆爲無爽。然則言一上一下者，相生之道；言重上生者，吹候之用也。於蕤賓重上生者，適會爲用之數，故言律者因焉，非相生之正也。

楊子雲曰：「聲生於日，謂甲己爲角，乙庚爲商，丙辛爲徵，丁壬爲羽，戊癸爲宮也。律生於辰，謂子爲黃鍾，丑爲大呂之屬也。聲以情質，質，正也。各以其行本情爲正也。律以和聲，當以律管鍾均和其清濁之聲。聲律相協而八音生。協，和也。」宮、商、角、徵、羽，謂之五聲。金、石、匏、革、絲、竹、土、木，謂之八音。聲和音諧，是謂五樂。

夫陰陽和則景至，律氣應則灰除。是故天子常以冬夏至日御前殿，合八能之士，陳八音，聽樂均，度晷景，候鍾律，權土炭，〔一五〕效陰陽。冬至陽氣應則灰除，是故樂均清，景長極，黃鍾通，土炭輕而衡仰。夏至陰氣應則樂均濁，景短極，蕤賓通，土炭重而衡低。進退於先後五日之中，八能各以候狀聞，太史令封上。效則和，否則占。

候氣之法，爲室三重，戶閉，塗釁周密，布緹幔。室中以木爲案，每律各一，內庳外高，從其方位，加律其上，以葭莩灰抑其內端，案歷而候之。氣至者灰去；其爲氣所動者，其灰散；人及風所動者，其灰聚。殿中候用玉律十二，惟二至乃候。靈臺用竹律。楊泉記云：「取弘農宜陽縣金門山竹爲管，河內葭莩爲灰。」或云以律著室中，隨十二辰埋之，上與地平，以竹莩灰實律中，以羅縠覆律呂，氣至吹灰動縠。小動爲和；大動，君弱臣强；不動，君嚴暴之應也。

審度

起度之正，漢志言之詳矣。武帝泰始九年，中書監荀勖校太樂，八音不和，始知後漢至魏，尺長於古四分有餘。勖乃部著作郎劉恭依周禮制尺，所謂古尺也。依古尺更鑄銅律呂，以調聲韻。以尺量古器，與本銘尺寸無差。又，汲郡盜發六國時魏襄王冢，得古周時玉律及鍾、磬，與新律聲韻闇同。于時郡國或得漢時故鍾，吹律命之皆應。勖銘其尺曰：「晉泰始十年，中書考古器，揆校今尺，長四分半。所校古法有七品：一曰姑洗玉律，二曰小呂玉律，三曰西京銅望臬，四曰金錯望臬，五曰銅斛，六曰古錢，七曰建武銅尺。姑洗微强，西京望臬微弱，其餘與此尺同。」銘八十二字。〔一○〕此尺者勖新尺也，今尺者杜夔尺也。

荀勖造新鍾律，與古器諧韵，時人稱其精密。惟散騎侍郎陳留阮咸譏其聲高，聲高則悲，非興國之音，亡國之音。亡國之音哀以思，其人困。今聲不合雅，懼非德正至和之音，必古今尺有長短所致也。會咸病卒，武帝以勖律與周漢器合，故施用之。後始平掘地得古銅尺，歲久欲腐，不知所出何代，果長勖尺四分，時人服咸之妙，而莫能厝意焉。

史臣案：勖於千載之外，推百代之法，度數既宜，聲韵又契，可謂切密，信而有徵也。而時人寡識，據無聞之一尺，忽周漢之兩器，雷同臧否，何其謬哉！世說稱「有田父於野地中得周時玉尺，便是天下正尺，荀勖試以校己所治金石絲竹，皆短校一米」。又，漢章帝時，零陵文學史奚景於泠道舜祠下得玉律，度以爲尺，相傳謂之漢官尺。以校荀勖尺，勖尺短四分；漢官、始平兩尺，長短度同。又，杜夔所用調律尺，比勖新尺，得一尺四分七氂。魏景元四年，劉徽注九章云：「王莽時劉歆斛尺弱於今尺四分五氂，比魏尺其斛深九寸五分五氂；即荀勖所謂今尺長四分半是也。元帝後，江東所用尺，比荀勖尺一尺六分二氂。趙劉曜光初四年鑄渾儀，八年鑄土圭，其尺比荀勖尺一尺五分。荀勖新尺惟以調音律，至於人間未甚流布，故江左及劉曜儀表，並與魏尺略相依準。

嘉量

周禮：「栗氏爲量，䰛深尺，內方尺而圓其外，其實一䰛。其臀一寸，其實一豆。其耳三寸，其實一升。重一鈞，其聲中黃鍾。〔一七〕概而不稅。其銘曰：『時文思索，允臻其極。嘉量既成，以觀四國。永啓厥後，茲器維則。』」春秋左氏傳曰：「齊舊四量，豆、區、䰛、鍾。四升曰豆，各自其四，以登於䰛。」四豆爲區，區斗六升也。四區爲䰛，六斗四升也。䰛十則鍾，六十四斗也。鄭玄以爲䰛方尺，積千寸，比九章粟米法少二升八十一分升之二十二。〔一八〕以算術考之，古斛之積凡一千五百六十二寸半，方尺而圓其外，減傍一氂八豪，其徑一尺四寸一分四豪七秒二忽有奇，而深尺，卽古斛之制也。

九章商功法程粟一斛，積二千七百寸；米一斛，積一千六百二十七寸；〔一九〕菽荅麻麥一斛，積二千四百三十寸。此據精粗爲率，使價齊，而不等其器之積寸也。以米斛爲正，則同于漢志。魏陳留王景元四年，劉徽注九章商功曰：「當今大司農斛，圓徑一尺三寸五分五氂，深一尺，積一千四百四十一寸十分寸之三。王莽銅斛，於今尺爲深九寸五分五氂，徑一尺三寸六分八氂七豪，以徽術計之，於今斛爲容九斗七升四合有奇。」魏斛大而尺長，王莽斛小而尺短也。

衡權

衡權者，衡，平也；權，重也。衡所以任權而均物，平輕重也。古有黍、絫、錘、錙、鐶、鈞、鋝、溢之目，〔三○〕歷代參差。漢志言衡權名理甚備，自後變更，其詳未聞。元康中，裴頠以爲醫方人命之急，而稱兩不與古同，爲害特重，宜因此改治權衡，不見省。趙石勒十八年七月，造建德殿，得圓石，狀如水碓，銘曰：「律權石，重四鈞，同律度量衡。有辛氏造。」續咸議，是王莽時物。

校勘記

〔一〕王者制事立物法度軌則　今本史記作「王者制事立法，物度軌則」，「法物」二字互倒。

〔二〕終于恭安　以順序言，「恭安」宜作「安恭」。

〔三〕其典同掌六律六呂之和　「同」，各本誤作「司」，今從殿本，與周禮春官原文合。

〔四〕故名之曰黃鍾　「曰」上各本誤衍「一」字，今據國語周語原文删。

〔五〕不比正音故爲和　丘瓊蓀晉書律志校釋：「不比」當作「比於」。淮南子原文如此。

〔六〕八八爲位　漢書律曆志在本志校記中以後簡稱漢志上原文「位」作「伍」。

〔七〕待詔嚴崇　「崇」，各本作「嵩」，今從殿本作「崇」，與後漢書律曆志在本志校記中以後簡稱續漢志上合。

〔八〕所以便事用也　各本「事用」作「用事」，今從宋本，與宋書律曆志在本志校記中以後簡稱宋志序合。

〔九〕太蔟之笛至長二尺五寸三分一釐有奇　張文虎舒藝室隨筆六：謂當作「二尺五寸二分八釐有奇」。

〔一〇〕姑洗之笛至長二尺二寸三分三釐有奇　張文虎謂當作「二尺二寸四分七釐有奇」。又淩廷堪笛律匡謬謂姑洗笛之下，蕤賓笛之上，宋晉兩志俱闕中呂笛之制。依荀勖法當補「中呂之笛，正聲應中呂，下徵應黃鍾，長二尺一寸三分二釐有奇」。惟淩氏笛長尾數作「二釐」，誤，當依張文虎作「三釐」。

〔一一〕林鍾之笛至長三尺七寸九分七釐有奇　近人錢寶琮宋書律志校勘記謂「七釐」當作「二釐」。

〔一二〕南呂之笛至長三尺三寸七分有奇　錢寶琮謂「七分」下當有「一釐」二字。

〔一三〕應鍾之笛至長二尺九寸九分六釐有奇　「二尺」各本作「三尺」，今從殿本。

〔一四〕所以宣養六氣九德也　「養」原作「揚」，此引國語周語，國語原文作「養」，本志上文亦作「養」，因據改。

〔一五〕權土炭　「炭」原誤作「灰」，今從漢志上、續漢志(中華校點本)上、宋志序改。下「土炭」同。說詳王先謙漢書補注。

〔一六〕其餘與此尺同銘八十二字　各本無「餘」字，局本有，今從局本。銘實八十字。

〔一七〕其聲中黃鍾　周禮考工記「黃鍾」下有「之宮」二字。賈疏云：而云「之宮」者，中其宮聲，不中商、角之聲。

〔一八〕比九章粟米法少二升八十一分升之二十二　「二升」原誤作「二斗」。此本周禮考工記注，隋書律曆志上亦引之，兩者皆作「二升」，今據改。

〔一九〕積一千六百二十七寸　九章算術五作「二十寸」，無「七」字。

〔二〇〕古有黍絫錘錙鐶鈞鋝溢之目　「鋝」原誤作「鏘」，舒藝室隨筆六：「鏘」當作「鋝」。按：張說是，今據改。

晉書卷十七

志第七

律曆中

昔者聖人擬宸極以運璿璣，揆天行而序景曜，分辰野，辨躔曆，敬農時，興物利，皆以繫順兩儀，紀綱萬物者也。然則觀象設卦，扐閏成爻，曆數之原，存乎此也。逮乎炎帝，分八節以始農功，軒轅紀三綱而闡書契，乃使羲和占日，常儀占月，臾區占星氣，〔一〕伶倫造律呂，大撓造甲子，隸首作算數。容成綜斯六術，考定氣象，建五行，察發斂，起消息，正閏餘，述而著焉，謂之調曆。洎于少昊則鳳鳥司曆，顓頊則南正司天，陶唐則分命羲和，虞舜則因循堯法。及夏殷承運，周氏應期，正朔既殊，創法斯異。傳曰：「火出，於夏爲三月，於商爲四月，於周爲五月。」是故天子置日官，諸侯有日御，以和萬國，以協三辰。至乎寒暑晦明之徵，陰陽生殺之數，啓閉升降之紀，消息盈虛之節，皆應躔次而無淫流，故能該浹生靈，堪輿天地。周德既衰，史官失職，疇人分散，禨祥不理。秦并天下，頗推五勝，自以獲水德之瑞，用十月爲正。漢氏初興，多所未暇，百有餘載，襲秦正朔。爰及武帝，始詔司馬遷等議造漢曆，乃行夏正。其後劉歆更造三統，以說左傳，辯而非實，班固惑之，采以爲志。逮光武中興，太僕朱浮數言曆有乖謬，于時天下初定，未能詳考。至永平之末，改行四分，七十餘年，儀式乃備。及光和中，乃命劉洪、蔡邕共修律曆，其後司馬彪因之，以繼班史。今采魏文黃初已後言曆數行事者，以續司馬彪云。

漢靈帝時，會稽東部尉劉洪，考史官自古迄今曆注，原其進退之行，察其出入之驗，視其往來，度其終始，始悟四分於天疏闊，皆斗分太多故也。更以五百八十九爲紀法，百四十五爲斗分，作乾象法，冬至日日在斗二十二度，〔二〕以術追日、月、五星之行，推而上則合於古，引而下則應於今。其爲之也，依易立數，遁行相號，潛處相求，名爲乾象曆。又創制日行遲速，〔三〕兼考月行，陰陽交錯於黃道表裏，日行黃道，於赤道宿度復有進退。方於前法，轉爲精密矣。獻帝建安元年，鄭玄受其法，以爲窮幽極微，又加注釋焉。

魏文帝黃初中，太史令高堂隆復詳議曆數，更有改革。太史丞韓翊以爲乾象減斗分太過，後當先天，造黃初曆，以四千八百八十三爲紀法，千二百五爲斗分。

其後尚書令陳羣奏，以爲：「曆數難明，前代通儒多共紛爭。黃初之元以四分曆久遠疏闊，大魏受命，宜改曆明時，韓翊首建，猶恐不審，故以乾象互相參校。其所校日月行度，弦望朔晦，歷三年，更相是非，無時而決。案三公議皆綜盡典理，殊塗同歸，欲使效之璿璣，各盡其法，一年之間，得失足定。」奏可。

太史令許芝云：「劉洪月行術用以來且四十餘年，以復覺失一辰有奇。」

孫欽議：「史遷造太初，其後劉歆以爲疏，復爲三統。章和中，改爲四分，以儀天度，考合符應，時有差跌，日蝕覺過半日。至熹平中，〔四〕劉洪改爲乾象，推天七曜之符，與天地合其敍。」

董巴議云：「聖人迹太陽於晷景，效太陰於弦望，明五星於見伏，正是非於晦朔。弦望伏見者，曆數之綱紀，檢驗之明者也。」

徐岳議：「劉洪以曆後天，潛精內思二十餘載，參校漢家太初、三統、四分曆術，課弦望於兩儀郭間。而月行九歲一終，謂之九道；九章，百七十一歲，九道小終；九九八十一章，五百六十七分而九終，進退牛前四度五分。學者務追合四分，但減一道六十三分，分不下通，是以疏闊，皆由斗分多故也。課弦望當以昏明度月所在，則知加時先後之意，不宜用兩儀郭間。洪加太初元十二紀，減十斗下分，元起己丑，又爲月行遲疾交會及黃道去極度、五星術，理實粹密，信可長行。今韓翊所造，皆用洪法，小益斗下分，所錯無幾。翊所增減，致亦留思，然十術新立，猶未就悉，至於日蝕，有不盡效。效曆之要，要在日蝕。熹平之際，時洪爲郎，欲改四分，先上驗日蝕：日蝕在晏，加時在辰，蝕從下上，三分侵二。事御之後如洪言，海內識眞，莫不聞見，劉歆以來，未有洪比。夫以黃初二年六月二十九日戊辰加時未日蝕，乾象術加時申半強，於消息就加未，黃初以爲加辛強，乾象後天一辰半強爲近，黃初二辰半爲遠，消息與天近。三年正月丙寅朔加時申北日蝕，黃初加酉弱，乾象加午少，消息加未，黃初後天半辰近，乾象先天二辰少弱，於消息先天一辰強，爲遠天。三年十一月二十九日庚申〔五〕加時西南維日蝕，乾象加未初，消息加申，黃初加未強，乾象先天一辰遠，黃初先天半辰近，消息乾象近中天。二年七月十五日癸未，日加壬月加丙蝕，乾象月加申，消息加未，黃初月加子強，入甲申日，乾象後天二辰，消息後一辰爲近，黃初後天六辰遠。三年十一月十五日乙巳，日加丑月加未蝕，乾象月加巳半，於消息加午，黃初以丙午月加酉強，乾象先天二辰近，黃初後天二辰強爲遠，於消息於乾象先一辰。凡課日月蝕五事，乾象四遠，黃初一近。」

翊於課難徐岳：「乾象消息但可減，不可加。加之無可說，不可用。」岳云：「本術自有消息，受師法，以消息爲奇，辭不能改，故列之正法消息。翊術自疏。

木以三年五月二十四日丁亥晨見；黃初五月十七日庚辰見，先七日；乾象五月十五日戊寅見，先九日。

土以二年十一月二十六日壬辰見；乾象十一月二十一日丁亥見，〔六〕先五日；黃初十一月十八日甲申見，先八日。

土以三年十月十一日壬申伏；乾象同，壬申伏；黃初已下十月七日戊辰伏，先四日。

土以三年十一月二十二日壬子見；乾象十一月十五日乙巳見，先七日；黃初十一月十二日壬寅見，先十日。

金以三年閏六月十五日丁丑晨伏；乾象六月二十五日戊午伏，先十九日；黃初六月二十二日乙卯伏，先二十三日。

金以三年九月十一日壬寅見；乾象以八月十八日庚辰見，先二十三日；黃初八月十五日丁丑見，先二十五日。

水以二年十一月十七日癸未晨見；乾象十一月十三日己卯見，先四日；黃初十一月十二日戊寅見，先五日。

水以二年十二月十三日己酉晨伏；乾象十二月十五日辛亥伏，後二日；黃初十二月十四日庚戌伏，後一日。

水以三年五月十八日辛巳夕見；乾象亦以五月十八日見，黃初五月十七日庚辰見，先一日。

水以三年六月十三日丙午伏；乾象六月二十日癸丑伏，後七日；黄初六月十九日壬子伏，後六日。

水以三年閏六月二十五日丁亥晨見；乾象以閏月九日辛未見，先十六日；黄初閏月八日庚午見，先十七日。

水以三年七月七日己亥伏；乾象七月十一日癸卯伏，後四日；黄初以七月十日壬寅伏，後三日。

水以三年十一月日於晷度十四日甲辰伏；乾象以十一月九日己亥伏，先五日；黄初十一月八日戊戌伏，〔七〕先六日。

水以三年十二月二十八日戊子夕見；二曆同以十二月壬申見，俱先十六日。

凡四星見伏十五，乾象七近二中，黄初五近一中。

郎中李恩議：「以太史天度與相覆校，二年七月、三年十一月望與天度日皆差異，月蝕加時乃後天六時半，非從三度之謂，定爲後天過半日也。」

董巴議曰：「昔伏羲始造八卦，作三畫，以象二十四氣。黄帝因之，初作調曆。歷代十一，更年五千，凡有七曆。顓頊以今之孟春正月爲元，其時正月朔旦立春，五星會于天廟，營室也，冰凍始泮，蟄蟲始發，雞始三號，天曰作時，地曰作昌，人曰作樂，鳥獸萬物莫不應和，故顓頊聖人爲曆宗也。湯作殷曆，弗復以正月朔旦立春爲節也，更以十一月朔旦冬至爲元首，下至周魯及漢，皆從其節，據正四時。夏爲得天，以承堯舜，從顓頊故也。禮記大戴曰『虞夏之曆，建正於孟春』，此之謂也。」

楊偉請：「六十日中疏密可知，不待十年。若不從法，是校方員棄規矩，考輕重背權衡，課長短廢尺寸，論是非違分理。若不先定校曆之本法，而懸聽棄法之末爭，則孟軻所謂『方寸之基，可使高於岑樓』者也。今韓翊據劉洪術者，知貴其術，珍其法。而棄其論，背其術，廢其言，違其事，是非必使洪奇妙之式不傳來世。〔八〕若知而違之，是挾故而背師也；〔九〕若不知而據之，是爲挾不知而罔知也。」校議未定，會帝崩而寢。

至明帝景初元年，尚書郎楊偉造景初曆。表上，帝遂改正朔，施行偉曆，以建丑之月爲正，改其年三月爲孟夏，其孟、仲、季月雖與夏正不同，至於郊祀蒐狩，班宣時令，皆以建寅爲正。三年正月帝崩，復用夏正。

其劉氏在蜀，仍漢四分曆。吳中書令闞澤受劉洪乾象法於東萊徐岳，又加解注。中常侍王蕃以洪術精妙，用推渾天之理，以制儀象及論，故孫氏用乾象曆，至吳亡。

武帝踐阼，泰始元年，因魏之景初曆，改名泰始曆。楊偉推五星尤疏闊，故元帝渡江左以後，更以乾象五星法代偉曆。自黃初已後，改作曆術，皆斟酌乾象所減斗分、朔餘、月行陰陽遲疾，以求折衷。洪術爲後代推步之師表，故先列之云。

乾象曆

上元己丑以來，至建安十一年丙戌，歲積七千三百七十八年。

乾法，千一百七十八。

會通，七千一百七十一。

紀法，五百八十九。

周天，二十一萬五千一百三十。

通法，四萬三千二十六。

通數，三十一。

日法，千四百五十七。

歲中，十二。

餘數，三千九十。

章歲，十九。

沒法，百三。

章閏，七。

會數，四十七。

會歲，八百九十三。
章月，二百三十五。
會率，千八百八十二。
朔望合數，九百四十一。
會月，萬一千四十五。
紀月，七千二百八十五。
元月，一萬四千五百七十。
月周，七千八百七十四。
小周，二百五十四。
推入紀
置上元盡所求年，以乾法除之，不滿乾法，以紀法除之，餘不滿紀法者，入內紀甲子年也。滿法去之，入外紀甲午年也。
推朔
置入紀年，外所求，以章月乘之，章歲而一，所得爲定積月，不盡爲閏餘。閏餘十二以上，歲有閏。以通法乘定積月，爲假積日，滿日法爲定積日，不盡爲小餘。以六旬去積日，爲大餘，命以所入紀，算外，所求年天正十一月朔日也。

求次月，加大餘二十九，小餘七百七十三，小餘滿日法從大餘。小餘六百八十四已上，其月大。

推冬至

置入紀年，外所求，以餘數乘之，滿紀法爲大餘，不盡爲小餘。以六旬去之，〔一〇〕命以紀，算外，天正冬至日也。

求二十四氣

置冬至小餘，〔一一〕加大餘十五，小餘五百一十五，滿二千三百五十六從大餘，命如法。

推閏月

以閏餘減章歲，餘以歲中乘之，滿章閏爲一月。不盡，半法已上亦一，有進退，以無中月。〔一二〕

推弦望

加大餘七，小餘五百五十七半，小餘如日法從大餘，餘命如前，得上弦。又加得望，又加得下弦，又加得後月朔。其弦望定小餘四百一以下，以百刻乘之，滿日法得一刻，不盡什之，求分，以課所近節氣夜漏未盡，以算上爲日。

推沒

置入紀年，外所求，以餘數乘之，滿紀法爲積沒，有餘加盡積爲一。以會通乘之，滿沒法爲大餘，不盡爲小餘。大餘命以紀，算外，冬至後沒日。

求次沒，加大餘六十九，小餘六十四，滿其法從大餘，無分爲滅。

推日度

以紀法乘積日，滿周天去之，餘以紀法除之，所得爲度。命度以牛前五度起，宿次除之，不滿宿，卽天正朔夜半日所在。

求次日，加一度。經斗除分；分少，損一度爲紀法，加焉。

推月度

以月周乘積日，滿周天去之，餘滿紀法爲度，不盡爲分，命如上，則天正朔夜半月所在度。

求次月，小月加度二十二，分二百五十八。大月又加一日，度十三，分二百一十七，滿法得一度。其冬下旬，月在張、心署之。〔一三〕

推合朔度

以章歲乘朔小餘，滿會數爲大分；不盡，小分。以大分從朔夜半日分，滿紀法從度，命如前，天正合朔日月所共會也。

求次月，加度二十九，大分三百一十二，小分二十五，〔一四〕小分滿會數從大分，大分滿紀法從度，〔一五〕經斗除大分。

求弦望日所在度，加合朔度七，分二百二十五，小分十七半，大小分及度命如前，則上弦日所在度。又加得望、下弦、後月合。

求弦望月行所在度，加合朔度九十八，大分四百八，小分四十一，大小分及度命如前合朔，則上弦月所在。又加得望、下弦、後月合。

求日月昏明度，日以紀法，月以月周，乘所近節氣夜漏，二百而一爲明分。日以減紀法，月以減月周，餘爲昏分。各以加夜半，如法爲度。

推月蝕

置上元年，外所求，以會歲去之，其餘年以會率乘之，如會歲爲積蝕，有餘加積一。會月乘之，如會率爲積月，不盡爲月餘。以章閏乘餘年，滿章歲爲積閏，以減積月，餘以歲中去之，不盡，數起天正。

求次蝕，加五月，月餘千六百三十五，滿會率得一月，月以望。

推卦用事日

因冬至大餘，倍其小餘，坎用事日也。加小餘千七十五，滿乾法從大餘，中孚用事日也。

求次卦，各加大餘六，小餘百三。其四正各因其中日，而倍其小餘。

推五行用事

置冬至大小餘，〔一六〕加大餘二十七，小餘九百二十七，滿二千三百五十六從大餘，得土用事日也。加大餘十八，小餘六百一十八，得立春木用事日。加大餘七十三，小餘百一十六，復得土。又加土如得其火。金、水放此。

推加時

以十二乘小餘，滿其法得一辰，數從子起，算外，朔、弦、望以定小餘。

推漏刻

以百乘小餘，滿其法得一刻，不盡什之，求分，課所近節氣，起夜分盡；夜上水未盡，以所近言之。

推有進退，進加退減所得也。進退有差，起二分度後，率四度轉增少，少每半者，三而轉之，差滿三止，歷五度而減如初。

月行三道術

月行遲疾，周進有恆。會數從天地凡數，乘餘率自乘，如會數而一，爲過周分。以從周天，月周除之，曆日數也。遲疾有衰，其變者勢也。以衰減加月行率，爲日轉度分。衰左右相加，爲損益率。益轉相益，損轉相損，盈縮積也。半小周乘通法，如通數而一，以曆周減焉，爲朔行分也。

日轉度分	列衰	損益率	盈縮積	月行分
一日十四度十分	一退減	益二十二	盈初	二百七十六
二日十四度九分	二退減	益二十一	盈二十二	二百七十五
三日十四度七分	三退減	益十九	盈四十三	二百七十三
四日十四度四分	四退減	益十六	盈六十二	二百七十
五日十四度	四退減	益十二	盈七十八	二百六十六
六日十三度十五分	四退減	益八	盈九十	二百六十二
七日十三度十一分	四退減	益四	盈九十八	二百五十八
八日十三度七分	四退減〔一七〕	損	盈百二	二百五十四
九日十三度三分	四退加	損四	盈百二	二百五十
十日十二度十八分	三退加	損八	盈九十八	二百四十六

十一日十二度十五分	四退加	損十一	盈九十	二百四十三
十二日十二度十一分	三退加	損十五	盈七十九	二百三十九
十三日十二度八分	二退加	損十八	盈六十四	二百三十六
十四日十二度六分	一退加	損二十	盈四十六	二百三十四
十五日十二度五分	一進減	損二十一	盈二十六	二百三十三
十六日十二度六分	二進減	損二十損不足反減五爲益，盈有五謂益而損縮初二十，故不足。〔一八〕	盈五縮初	二百三十四
十七日十二度八分	三進減	益十八	縮十五	二百三十六
十八日十二度十一分	四進減	益十五	縮二十三	二百三十九
十九日十二度十五分	三進減	益十一	縮四十八	二百四十三
二十日十二度十八分	四進減	益八	縮五十九	二百四十六
二十一日十三度三分	四進減	益四	縮六十七	二百五十
二十二日十三度七分	四進加	損	縮七十一	二百五十四
二十三日十三度十一分	四進加	損四	縮七十一	二百五十八

二十四日十三度十五分	四進加	損八	縮六十七	二百六十二
二十五日十四度	四進加	損十二	縮五十九	二百六十六
二十六日十四度四分	三進加	損十六	縮四十七	二百七十
二十七日十四度七分	三曆初進加三大	損十九	縮三十一	二百七十三
	周日〔一九〕			
周日十四度九分	少進加	損二十一	縮十二	二百七十五

周日分，三千三百三。

周虛，二千六百六十六。

周日法，五千九百六十九。

通周，十八萬五千三百三十九。

曆周，十六萬四千四百六十六。

少大法，一千一百一。

朔行大分，萬一千八百一。

小分，二十五。

周半，一百二十七。

推合朔入曆

以上元積月乘朔行大小分，小分滿通數三十一從大分，大分滿曆周去之，餘滿周法得一日，不盡爲日餘。日餘命算外，所求合朔入曆也。

求次月，加一日，日餘五千八百三十二，小分二十五。

求弦望，各加七日，日餘二千二百八十三，小分二十九半，分各如法成日，日滿二十七日去之。餘如周分。不足除，減一日，加周虛。

求弦望定大小餘

置所入曆盈縮積，以通周乘之爲實。令通數乘日餘分，以乘損益率，以損益實，爲加時盈縮也。章歲減月行分，乘周半爲差法，以除之，所得盈減縮加大小餘，如日法盈不足，朔加時在前後日。弦望進退大餘，爲定小餘。

求朔弦望加時定度

以章歲乘加時盈縮，差法除之，所得滿會數爲盈縮大小分，以盈減縮加本日月所在，盈不足，以紀法進退度，爲日月所在定度分。

推月行夜半入曆

以周半乘朔小餘，如通數而一，以減入曆日餘。餘不足，加周法而減焉，却一日。却得周日加其分，即得夜半入曆。

求次日，轉一日，因日餘到二十七日，日餘滿周日分去之，不直周日也。其不滿直之，加周虛於餘，餘皆次日入曆日餘也。

求月夜半定度

以夜半入曆日餘，乘損益率，如周法得一，不盡爲餘，以損益盈縮積，餘無所損，破全爲法損之，爲夜半盈縮也。滿章歲爲度，不盡爲分。通數乘分及餘，餘如周法從分，分滿紀法從度，以盈加縮減本夜半度及餘，爲定度。

求變衰法

以入曆日餘乘列衰，如周法得一，不盡爲餘，即各知其日變衰也。

求次曆

以周虛乘列衰，如周法爲常數，曆竟，輒以加變衰，滿列衰去之，轉爲次曆變衰也。

求次日夜半定度

以變衰進加退減曆日轉分，分盈不足，章歲出入度也。通數乘分及餘，而日轉加夜定度，〔三〇〕爲次日也。竟曆不直周日，減餘千三十八，乃以通數乘之；直周日者加餘八百三十七，又以少大分八百九十九，加次曆變衰，轉求如前。

求次日夜半盈縮

以變衰減加損益率，爲變損益率，而以轉損益夜半盈縮。曆竟損不足，反減爲入次曆，減加餘如上數。

求昏明月度

以曆月行分乘所近節氣夜漏，二百而一爲明分。以減月行分爲昏分。分如章歲爲度，以通數乘分，以加夜半定度，爲昏明定度。餘分半法以上成，〔二〕不滿廢之。

求月行遲疾

月經四表，出入三道，交錯分天，以月率除之，〔三〕爲曆之日。周天乘朔望合，如會月而一，朔合分也。通數乘合數，餘如會數而一，退分也。以從月周，爲日進分。會數而一，〔三〕爲差率也。

陰陽曆	衰	損益率	兼數
一日	一減	益十七	初
二日限餘千二百九十，微分四百五十七。此爲前限	一減	益十六	十七
三日	三減	益十五	三十三

四日	四減	益十二	四十八
五日	四減	益八	六十
六日	三減	益四	六十八
七日	三減減不足，反損爲加，謂益有一，當減三，爲不足。	益一	七十二
八日	四加	損二過極損之，謂月行半周，度已過極，則當損之。	七十三
九日	四加	損六	七十一
十日	三加	損十	六十五
十一日	二加	損十三	五十五
十二日	一加	損十五	四十二
十三日限餘三千九百一十二，微分一千七百五十二。此爲後限	一加曆初大，分日。	損十六	二十七
分日五千二百而三	少加少者	損十六大	十一

少大法，四百七十三。

曆周，十萬七千五百六十五。

差率，萬一千九百八十六。

朔合分，萬八千三百二十八。

微分，九百一十四。

微分法，二千二百九。

推朔入陰陽曆

以會月去上元積月，餘以朔合分及微分各乘之，〔三〕微分滿其法從合分，合分滿周天去之，其餘不滿曆周者，爲入陽曆；滿去之，餘爲入陰曆。餘皆如月周得一日，算外，所求月合朔入曆，不盡爲日餘。

求次月

加二日，日餘二千五百八十，微分九百一十四，如法成日，滿十三去之，除餘如分日。陰陽曆竟互入端，入曆在前限餘前，後限餘後者月行中道也。

求朔望定數

各置入遲疾曆盈縮大小分，會數乘小分爲微分，盈減縮加陰陽日餘，日餘盈不足，進退日而定。以定日餘乘損益率，如月周得一，以損益兼數，爲加時定數。

推夜半入曆

以差率乘朔小餘，如微分法得一，以減入曆日餘，不足，加月周而減之，却一日。却得分日加其分，以會數約微分爲小分，即朔日夜半入曆。

求次日，加一日，日餘三十一，小分三十一，小分如會數從餘，餘滿月周去之，又加一日，曆竟下，日餘滿分日去之，爲入曆初也。不滿分日者直之，加餘二千七百二，小分三十一，爲入次曆。

求夜半定日

以通數乘入遲疾曆夜半盈縮及餘，餘滿周半爲小分，以盈加縮減入陰陽日餘，日餘盈不足，以月周進退日而定也。以定日餘乘損益率，如月周得一，以損益兼數，爲夜半定數也。

求昏明數

以損益率乘所近節氣夜漏，二百而一爲明，以減損益率爲昏，而以損益夜半數爲昏明定數。

求月去極度

置加時若昏明定數，以十二除之爲度，其餘三而一爲少，不盡一爲强，二少弱也，所得爲月去黄道度也。其陽曆以加日所在黄道曆去極度，陰曆以減之，則月去極度。强正弱負，强弱相并，同名相從，異名相消。其相減也，同名相消，異名相從，無對互之，二强進少而弱。

上元己丑以來，至建安十一年丙戌，歲積七千三百七十八。

己丑　戊寅　丁卯　丙辰　乙巳　甲午　癸未

壬申　辛酉　庚戌　己亥　戊子　丁丑　丙寅

推五星

五行：木，歲星；火，熒惑；土，塡星；金，太白；水，辰星。各以終日與天度相約，爲周率、日率。章歲乘周，爲月法。章月乘日，爲月分。分如法，爲月數。通數乘月法，日度法也。斗分乘周率，爲斗分。日度法用紀法乘周率，故此同以分乘之。

五星朔大餘、小餘。以通法各乘月數，日法各除之，爲大餘，不盡爲小餘。以六十去大餘。

五星入月日、日餘。各以通法乘月餘，以合月法乘朔小餘，并之，會數約之，所得各以日度法除之，則皆是。

五星度數、度餘。滅多爲度餘分，以周天乘之，以日度法約之，所得爲度，不盡爲度餘，過周天去之及斗分。

紀月，七千二百八十五。

章閏，七。
章月，二百三十五。
歲中，十二。
通法，四萬三千二十六。
日法，千四百五十七。
會數，四十七。
周天，二十一萬五千一百三十。
斗分，一百四十五。
木：周率，六千七百二十二。
日率，七千三百四十一。
合月數，十三。
月餘，六萬四千八百一。
合月法，十二萬七千七百一十八。
日度法，三百九十五萬九千二百五十八。
朔大餘，二十三。

朔小餘，一千三百七。
入月日，十五。
日餘，三百四十八萬四千六百四十六。
朔虛分，一百五十。
斗分，九十七萬四千六百九十。
度數，三十三。
度餘，二百五十萬九千九百五十六。

火：

周率，三千四百七。
日率，七千二百七十一。
合月數，二十六。
月餘，二萬五千六百二十七。
合月法，六萬四千七百三十三。
日度法，二百萬六千七百二十三。
朔大餘，四十七。
朔小餘，一千一百五十七。

入月日，十二。

日餘，九十七萬三千一十三。

朔虛分，三百。

斗分，四十九萬四千一十五。

度數，四十八。

度餘，一百九十九萬一千七百六。

土：周率，三千五百二十九。

日率，三千六百五十三。

合月數，十二。

月餘，五萬三千八百四十三。

合月法，六萬七千五十一。

日度法，二百七萬八千五百八十一。

朔大餘，五十四。

朔小餘，五百三十四。

入月日，二十四。

日餘，十六萬六千二百七十二。
朔虛分，九百二十三。
斗分，五十一萬一千七百五。
度數，十二。
度餘，一百七十三萬三千一百四十八。
周率，九千二十二。

金：

日率，七千二百一十三。
合月數，九。
月餘，十五萬二千二百九十三。
合月法，十七萬一千四百一十八。
日度法，五百三十一萬三千九百五十八。
朔大餘，二十五。
朔小餘，一千一百二十九。
入月日，二十七。
日餘，五萬六千九百五十四。

朔虛分，三百二十八。

斗分，一百三十萬八千一百九十。

度數，二百九十二。

度餘，五萬六千九百五十四。

水：周率，一萬一千五百六十一。

日率，一千八百三十四。

合月數，一。

月餘，二十一萬一千三百三十一。

合月法，二十一萬九千六百五十九。

日度法，六百八十萬九千四百二十九。

朔大餘，二十九。

朔小餘，七百七十三。

入月日，二十八。

日餘，六百四十一萬九百六十七。

朔虛分，六百八十四。

斗分，一百六十七萬六千三百四十五。

度數，五十七。

度餘，六百四十一萬九百六十七。

推五星

置上元盡所求年，以周率乘之，滿日率得一，名積合，不盡爲合餘。以周率除之，得一，星合往年。二，合前往年。無所得，合其年。合餘減周率爲度分。金、水積合，奇爲晨，耦爲夕。

推星合月

以月數、月餘各乘積合，滿合月法從月，不盡爲月餘。以紀月去積月，餘爲入紀月。副以章閏乘之，滿章月得一閏，以減入紀月，餘以歲中去之，命以天正算外，合月也。其在閏交際，以朔御之。

推入月日

以通法乘月餘，合月法乘朔小餘，幷以會數約之，所得滿日度法得一，則星合入月日也。不滿爲日餘，命以朔算外。

推星合度

以周天乘度分，滿日度法得一度，不盡爲餘，命度以牛前五起。右求星合。

求後合月

以月數加月數，以月餘加月餘，滿合月法得一月，不滿歲中，卽合其年，滿去之，有閏計焉，餘爲後年；再滿，在後二年。金、水加晨得夕，加夕得晨。

求後合朔日

以朔大小餘，加合月大小餘，上成月者，又加大餘二十九，小餘七百七十三，小餘滿日法從大餘，命如前。

求後入月日術

以入月日、日餘，加合入月日及餘，餘滿日度法得一日，其前合朔小餘滿其虛分者，減一日。後小餘滿七百七十三以上者，去二十九日，不滿，去三十日，其餘則後合，入月日也。

求後度

以度加度，度餘加度餘，滿日度法得一度。

木：伏三十二日，三百四十八萬四千六百四十六分。

見三百六十六日。

伏行五度二百五十萬九千九百五十六分。

見行四十度。除逆退十二度，定行二十八度。

火：伏百四十三日九十七萬三千一十三分。

見六百三十六日。

伏行一百一十度四十七萬八千九百九十八分。

見行三百二十度。除逆十七度，定行三百三度。

土：伏三十三日十六萬六千二百七十二分。

見三百四十五日。

伏行三度一百七十三萬三千一百四十八分。

見行十五度。除逆六度，定行九度。

金：晨伏東方八十二日十一萬三千九百八分。

見西方。二百四十六日。除逆六度，定行二百四十六度。

晨伏行百度十一萬三千九百八分。

見東方。日度如西。伏十日，退八度。

水：晨伏三十三日六百一萬二千五百五分。見西方。三十二日。除逆一度，定行三十二度。伏行六十五度六百一萬二千五百五分。見東方。日度如西。伏十八日，退十四度。

五星曆步術

以法伏日度及餘，加星合日度餘，餘滿日度法得一，從全命之如前，得星見日及度也。以星行分母乘見度，餘如日度法得一，分不盡半法以上亦得一；而日加所行分，分滿其母得一度，逆順母不同，以當行之母乘故分，如故母而一，當行分也。留者承前，逆則減之，伏不盡度，〔三五〕經斗除分，以行母爲率，分有損益，前後相御。凡言如盈約滿，皆求實之除也；去及除之，取盡之除也。〔三六〕

木：晨與日合，伏順，〔三七〕十六日百七十四萬二千三百二十三分，行星二度三百二十三萬四千六百七分，而晨見東方，在日後。順，疾，日行五十八分之十一，五十八日行十一度。更順，遲，日行九分，五十八日行九度。留，不行二十五日而旋。逆，日行七分之一，八十四日退十二度。復留，二十五日而順，日行五十八分之九，五十八日行九度。順，疾，日行十一分，五十八日行十一度，在日前，夕伏西方。十六日百七十四萬二千三百二十三分，行星二度三百二十三萬四千六百七分，而與日合。凡一終，三百九十八日三百四十八萬四千六百四十六分，行星四十三度二百五十萬九千九百五十六分。〔二八〕

火，晨與日合，伏，順，七十一日百四十八萬九千八百六十八分，行星五十五度百二十四萬二千八百六十分半，而晨見東方，在日後。順，日行二十三分之十四，百八十四日行一百一十二度。更順，遲，日行二十三分之十二，九十二日行四十八度。留，不行十一日。旋，逆，日行六十二分之十七，六十二日退十七度。復留，十一日而順，日行十二分，九十二日行四十八度。復順，疾，日行十四分，百八十四日行百一十二度，在日前，夕伏西方。七十一日百四十八萬九千八百六十八分，行星五十五度百二十四萬二千八百六十分半，而與日合。凡一終，七百七十九日九十七萬三千一十三分，行星四百一十四度四十七萬八千九百九十八分。

土，晨與日合，伏，順，十六日百一十二萬二千四百二十六分半，行星一度百九十九萬五千八百六十四分半，〔二九〕而晨見東方，在日後。順，日行三十五分之三，八十七日半行七度半。留，不行三十四日。旋，逆，日行十七分之一，百二日退六度。復三十四日而順，〔三〇〕日行三分，八十七日行七度半，〔三一〕在日前，夕伏西方。十六日百一十二萬二千四百二十六分半，行星一度百九十萬五千八百六十四分半，而與日合也。凡一終，三百七十八日十六萬六千二百七十二分，行星十二度百七十三萬三千一百四十八分。

金：晨與日合，伏，逆，五日退四度，而晨見東方，在日後。逆，日行五分度之三，十日退六度。留，不行八日。旋，順，遲，日行四十六分之三十三，四十六日行三十三度而順。疾，日行一度九十一分之十五，九十一日行一百六度。更順，益疾，日行一度九十一分之二十二，九十一日行百一十三度，在日後，晨伏東方。順，四十一日五萬六千九百五十四分行星五十度五萬六千九百五十四分，而與日合。一合，二百九十二日五萬六千九百五十四分，行星亦如之。

金：夕與日合，伏，順，四十一日五萬六千九百五十四分行星五十度五萬九千九百五十四分，而夕見西方，在日前。順，疾，日行一度九十一分之二十二，九十一日行百一十三度。更順，減疾，日行一度十五分，九十一日行百六度而順。遲，日行四十六分之三十三，四十六日行三十三度。留，不行八日。旋，逆，日行五分之三，十日退六度，在日前，夕伏西方，逆，疾，五日退四度，而與日合。凡再合一終，五百八十四日十一萬三千九百八分，行星亦如之。

水：晨與日合，伏，逆，九日退七度，而晨見東方，在日後。更逆，疾，一日退一度。留，不行二日。旋，順，遲，日行九分之八，九日行八度而順。疾，日行一度四分之一，二十日行二十五度，在日後。晨伏東方，順，十六日六百四十一萬九百六十七分行星三十二度六百四十一萬九百六十七分，而與日合。一合，五十七日六百四十一萬九百六十七分，行星亦如之。

水：夕與日合，伏，順，十六日六百四十一萬九百六十七分行星三十二度六百四十一萬九百六十七分，而夕見西方，在日前。順，疾，日行一度四分之一，二十日行二十五度而順。遲，日行九分之八，九日行八度。留，不行二日。旋，逆，一日退一度，在日前，夕伏西方。逆，遲，九日退七度，與日合。凡再合一終，一百一十五日六百一萬二千五百五分，行星亦如之。

校勘記

〔一〕與區占星氣　「與區」，各本誤作「車區」，惟殿本作「與區」，今從殿本。

〔二〕冬至日日在斗二十二度　按：自東漢改行四分，測定冬至日在赤道斗二十一度，沿用至唐末改。劉洪乾象曆亦用之。此志「二十二度」當爲「二十一度」之誤。

〔三〕又創制日行遲速　按：劉洪始創月行遲疾，故下有求月行遲疾術，宋志上亦謂洪「定月行遲疾」。此「日行」當爲「月行」之誤。

〔四〕至熹平中　原脫「熹」字，今補。

〔五〕三年十一月二十九日庚申　天文志與魏志文帝紀皆謂「黃初三年十一月庚申晦，日有蝕之」。依黃初曆推算，是月大，庚申爲三十日。

〔六〕上以二年十一月二十六日壬辰見乾象十一月二十一日丁亥見　「二十六日」，各本「六」作「五」；「二十一日」，各本「一」作「八」，誤。唯殿本不誤，今從之。

〔七〕黃初十一月八日戊戌伏　各本無「一」字，作「十月」，今從殿本作「十一月」，與推算合。

〔八〕是非必使洪奇妙之式不傳來世　周校：「非」衍文。

〔九〕是挾故而背師也　「是」，各本作「於」，今從殿本作「是」。

〔一〇〕滿紀法爲大餘不盡爲小餘以六旬去之　按：以六旬去者爲大餘，依上文推朔術例，「以六旬去之」當作「以六旬去大餘」。

〔一一〕置冬至小餘　考異云，當云「置冬至大餘，四其小餘」，今本脫「大餘四其」四字。

〔一二〕不盡半法已上亦一有進退以無中月　似當作「不盡，半法已上亦得一，有進退，以無中月爲正」。疑「亦」下脫「得」字，「月」下脫「爲正」二字。

〔一三〕月在張心署之　「月」原作「夕」，續漢志下作「月」。考異謂隋書刑法志陳制，晦、朔、八節、六齊、月在張心日，並不得行刑。然則當以作「月」爲是。今據改。

〔一四〕小分二十五　此五字，各本所無，惟局本有。疑局本係據李銳乾象術注補以後簡稱李注。而李原文「二十五」作「二十三」。

〔一五〕大分滿紀法後度　據李注，「後度」當作「從度」。

〔一六〕置冬至大小餘　據李注，「大」下當補「餘四其」三字，作「置冬至大餘，四其小餘」。

〔一七〕四退減　李注謂當作「四退加」。

〔一八〕損不足至故不足　李注謂文有舛誤，以意求之，當云「損不足反減五爲益，謂盈有五而損二十，故不足」。

〔一九〕三曆初進加三大周日　李注謂此文傳寫錯誤，依算數推之，當云「二進加，曆初大，周日」。

〔二〇〕而日轉加夜定度　李注，「夜」下當補「半」字。

〔二一〕餘分半法以上成　李注，「成」下當有「一」字。

〔二二〕以月率除之　李注，「月率」當是「月周」之誤。

〔二三〕會數而一　李注，當作「會數乘之，通數而一」。

〔二四〕餘以朔合分及微分各乘之　「及」，各本作「定」，宋本作「及」，合於文義，今從之。

〔二五〕伏不盡度　李注，「盡」當作「書」。

〔二六〕凡言至除也　李注謂此四語不類正文，鄭玄、闞澤並注乾象術，今兩家注已遺亡，疑此爲舊注牘文。

〔二七〕伏順　原作「順伏」，李注、周校皆謂當作「伏順」，術例固先言見伏，後言順逆，今據以乙正。

〔二八〕行星四十三度　李注謂當作「三十三度」。

〔二九〕行星一度百九十九萬　李注謂當作「百九十萬」。

〔三〇〕復三十四日而順　李注謂「復」下當補「留」字。

〔三一〕八十七日行七度半　李注謂「日」下當有「半」字。

晉書卷十八

志第八

律曆下

魏尚書郎楊偉表曰：「臣覽載籍，斷考曆數，時以紀農，月以紀事，其所由來，遐而尚矣。乃自少昊，則玄鳥司分；顓頊、帝嚳，則重黎司天；唐帝、虞舜，則羲和掌日。三代因之，則世有日官。日官司曆，則頒之諸侯，諸侯受之，則頒于境內。夏后之世，羲和湎淫，廢時亂日，則書載胤征。由此觀之，審農時而重人事，歷代然之也。逮至周室既衰，戰國橫騖，告朔之羊，廢而不紹，登臺之禮，滅而不遵，閏分乖次而不識，孟陬失紀而莫悟，大火猶西流，而怪蟄蟲之不藏也。是時也，天子不協時，司曆不書日，諸侯不受職，日御不分朔，人事不恤，廢棄農時。仲尼之撥亂於春秋，託褒貶糾正，司曆失閏，則譏而書之，登臺頒朔，則謂之有禮。自此以降，暨于秦漢，乃復以孟冬爲歲首，閏爲後九月，中節乖錯，時月紕繆，加時後天，蝕不在朔，累載相襲，久而不革也。至武帝元封七年，始乃悟其繆焉，於是改正朔，更曆數，使大才通人，更造太初曆，校中朔所差，以正閏分；課中星得度，以考疏密。以建寅之月爲正朔，以黃鍾之月爲曆初。其曆斗分太多，後遂疏闊。至元和二年，復用四分曆，施而行之，至于今日，考察日蝕，率常在晦，是則斗分太多，故先密後疏而不可用也。是以臣前以制典餘日，推考天路，稽之前典，驗之以蝕朔，詳而精之，更建密曆，則不先不後，古今中天。以昔在唐帝，協日正時，允釐百工，咸熙庶績也。欲使當今國之典禮，凡百制度，皆韜合往古，郁然備足，乃改正朔，更曆數，以大呂之月爲歲首，以建子之月爲曆初。臣以爲昔在帝代，則法曰顓頊，曩自軒轅，則曆曰黃帝，暨至漢之孝武，革正朔，更曆數，改元曰太初，因名太初曆。今改元爲景初，宜曰景初曆。臣之所建景初曆，法數則約要，施用則近密，治之則省功，學之則易知。雖復使研桑心算，隸首運籌，重黎司晷，羲和察景，以考天路，步驗日月，究極精微，盡術數之極者，皆未能並臣如此之妙也。是以累代曆數，皆疏而不密，自黃帝以來，常改革不已。」〔一〕

壬辰元以來，至景初元年丁巳歲，積四千四百四十六，算上。

此元以天正建子黃鍾之月爲曆初，元首之歲，夜半甲子朔旦冬至。

元法，萬一千五十八。
紀法，千八百四十三。
紀月，二萬二千七百九十五。
章歲，十九。
章月，二百三十五。
章閏，七。
通數，十三萬四千六百三十。
日法，四千五百五十九。
餘數，九千六百七十。
周天，六十七萬三千一百五十。
紀歲中，〔三〕十二。
氣法，十二。
沒分，六萬七千三百一十五。
沒法，九百六十七。
月周，二萬四千六百三十八。

通法，四十七。
會通，七十九萬百一十。
朔望合數，六萬七千三百一十五。
入交限數，七十二萬二千七百九十五。
通周，十二萬五千六百二十一。
周日日餘，二千五百二十八。
周虛，二千三十一。
斗分，四百五十五。
甲子紀第一
紀首合朔，月在日道裏。
交會差率四十一萬二千九百一十九。
遲疾差率，十萬三千九百四十七。
甲戌紀第二
紀首合朔，月在日道裏。
交會差率，五十一萬六千五百二十九。

遲疾差率，七萬三千七百六十七。

甲申紀第三

紀首合朔，月在日道裏。

交會差率，六十二萬一百三十九。

遲疾差率，四萬三千五百八十七。

甲午紀第四

紀首合朔，月在日道裏。

交會差率，七十二萬三千七百四十九。〔三〕

遲疾差率，一萬三千四百七。

甲辰紀第五

紀首合朔，月在日道裏。〔四〕

交會差率，三萬七千二百四十九。

遲疾差率，十萬八千八百四十八。

甲寅紀第六

紀首合朔，月在日道裏。〔五〕

交會差率，十四萬八百五十九。

遲疾差率，七萬八千六百六十八。

交會紀差十萬三千六百一十。求其數之所生者，置一紀積月，以通數乘之，會通去之，所去之餘，紀差之數也。以之轉加前紀，則得後紀。〔六〕加之未滿會通者，則紀首之歲天正合朔月在日道裏；滿去之，則月在日道表。加表，滿在裏；加裏，滿在表。

遲疾紀差三萬一百八十。求其數之所生者，置一紀積月，以通數乘之，通周去之，餘以減通周，所減之餘，紀差之數也。以之轉減前紀，則得後紀。〔七〕不足減者，加通周。

求次元紀差率，轉減前元甲寅紀差率，餘則次元甲子紀差率也。求次紀，如上法也。

推朔積月術曰：置壬辰元以來，盡所求年，外所求，以紀法除之，所得算外，所入紀第也，餘則入紀年數也。以章月乘之，如章歲而一，爲積月，不盡爲閏餘。閏餘十二以上，其年有閏。閏月以無中氣爲正。

推朔術曰：以通數乘積月，爲朔積分。如日法而一，爲積日，不盡爲小餘。以六十去積日，餘爲大餘。大餘命以紀，算外，所求年天正十一月朔日也。

求次月，加大餘二十九，小餘二千四百一十九，小餘滿日法從大餘，命如前，次月朔日也。小餘二千一百四十以上，其月大也。

推弦望，加朔大餘七，小餘千七百四十四，小分一，小分滿二從小餘，小餘滿日法從大餘，大餘滿六十去之，餘命以紀，算外，上弦日也。又加，得望、下弦、後月朔。其月蝕望者，定小餘如在中節者定小餘如所近中節間限數、限數以下者，算上爲日。〔八〕望在中節前後各四日以還者，視限數；望在中節前後各五日以上者，視間限。

推二十四氣術曰：置所入紀年，外所求，以餘數乘之，滿紀法爲大餘，不盡爲小餘。大餘滿六十去之，餘命以紀，算外，天正十一月冬至日也。

求次氣，加大餘十五，小餘四百二，小分十一，小分滿氣法從小餘，小餘滿紀法從大餘，命如前，次氣日也。

推閏月術曰：以閏餘減章歲，餘以歲中乘之，滿章閏得一月；餘滿半法以上，亦得一月。數從天正十一月起，算外，閏月也。閏有進退，以無中氣御之。

大雪十一月節	限數千二百四十二	間限千二百四十八
冬至十一月中	限數千二百五十四	間限千二百四十五
小寒十二月節	限數千二百三十五	間限千二百二十四
大寒十二月中	限數千二百一十三	間限千一百九十二
立春正月節	限數千一百七十二	間限千一百四十七

雨水正月中	限數千一百二十二〔九〕	間限千九十三
驚蟄二月節	限數千六十五	間限千三十六〔一〇〕
春分二月中	限數千八	間限九百七十九
清明三月節	限數九百五十一	間限九百二十五
穀雨三月中	限數九百	間限八百七十九
立夏四月節	限數八百五十七	間限八百四十
小滿四月中	限數八百二十三	間限八百一十二〔一一〕
芒種五月節	限數八百	間限七百九十九
夏至五月中	限數七百九十八	間限八百一〔一二〕
小暑六月節	限數八百五	間限八百一十五
大暑六月中	限數八百二十五	間限八百四十二
立秋七月節	限數八百五十九	間限八百八十三
處暑七月中	限數九百七	間限九百三十五
白露八月節	限數九百六十二	間限九百九十二
秋分八月中	限數千二十一	間限千五十一

寒露九月節　限數千八十　間限千一百七
霜降九月中　限數千一百三十三　間限千一百五十七
立冬十月節　限數千一百八十一　間限千一百九十八
小雪十月中　限數千二百一十五　間限千二百二十九

推沒滅術曰：因冬至積日有小餘者，加積一，以沒分乘之，以沒法除之，所得爲大餘，不盡爲小餘。大餘滿六十去之，餘命以紀，算外，即去年冬至後沒日也。

求次沒，加大餘六十九，小餘五百九十二，小餘滿沒法得一，從大餘，命如前。小餘盡，爲滅也。

推五行用事日：立春、立夏、立秋、立冬者，即木、火、金、水始用事日也。各減其大餘十八，小餘四百八十三，小分六，餘命以紀，〔一三〕算外，各四立之前，土用事日也。大餘不足減者，加六十；小餘不足減者，減大餘一，加紀法；小分不足減者，減小餘一，加氣法。

推卦用事日：因冬至大餘，六其小餘，即坎卦用事日也。加小餘萬九十一，滿元法從大餘，即中孚用事日也。

求次卦，各加大餘六，小餘九百六十七。其四正各因其中日，六其小餘。

推日度術曰：以紀法乘朔積日，滿周天去之，餘以紀法除之，所得爲度，不盡爲分。命度從牛前五起，宿次除之，不滿宿，則天正十一月朔夜半日所在度及分也。

求次日，日加一度，分不加，經斗除斗分，分少，退一度。〔一四〕

推月度術曰：以月周乘朔積日，滿周天去之，餘以紀法除之，所得爲度，不盡爲分，命如上法，則天正十一月朔夜半月所在度及分也。

求次月，小月加度二十二，分八百六；大月又加一日，度十三，分六百七十九；分滿紀法得一度，則次月朔夜半月所在度及分也。其冬下旬，月在張、心署之。〔一五〕

推合朔度術曰：以章歲乘朔小餘，滿通法爲大分，不盡爲小分。以大分從朔夜半日度分，〔一六〕分滿紀法從度，命如前，則天正十一月合朔日月所共合度也。

求次月，加度二十九，大分九百七十七，小分四十二，小分滿通法從大分，大分滿紀法從度，經斗除其分，則次月合朔日月所共合度也。

推弦望日所在度：加合朔度七，大分七百五，小分十，微分一，微分滿二從小分，小分滿通法從大分，大分滿紀法從度，命如前，則上弦日所在度也。又加，得望、下弦、後月合也。

推弦望月所在度：加合朔度九十八，大分千二百七十九，小分三十四，數滿命如前，〔一七〕即上弦月所在度也。又加，得望、下弦、後月合也。

推日月昏明度術曰：日以紀法，月以月周，乘所近節氣夜漏，二百而一，爲明分。日以減紀法，月以減月髙，餘爲昏分。各以分加夜半，如法爲度。

推合朔交會月蝕術曰：置所入紀朔積分，以所入紀下交會差率之數加之，以會通去之，餘則所求年天正十一月合朔去交度分也。以通數加之，滿會通去之，餘則次月合朔去交度分也。以朔望合數各加其月合朔去交度分，滿會通去之，餘則各其月望去交度分也。朔望去交分，如朔望合數以下，入交限數以上者，朔則交會，望則月蝕。

推合朔交會月蝕月在日道表裏術曰：置所入紀朔積分，以所入紀下交會差率之數加之，〔一八〕倍會通去之，餘不滿會通者，紀首表，天正合朔月在表；紀首裏，天正合朔月在裏。滿會通去之，表滿在裏，裏滿在表。

求次月，以通數加之，滿會通去之，加裏滿在表，加表滿在裏。先交會後月蝕者，朔在表則望在表，朔在裏則望在裏。先月蝕後交會者，看蝕月朔在裏則望在表，朔在表則望在裏。交會月蝕如朔望合數以下，則前交後會；如入交限數以上，則前會後交。其前交後會近於限數者，則豫伺之；〔一九〕前會後交近於限數者，則後伺之。〔二〇〕

求去交度術曰：其前交後會者，今去交度分如日法而一，所得則却去交度分也。其前會後交者，以去交度分減會通，餘如日法而一，所得則前去交度也。餘皆度分也。去交度十五以上，雖交不蝕也，十以下是蝕，十以上，虧蝕微少，光晷相及而已。虧之多少，以十五爲法。

求日蝕虧起角術曰：其月在外道，先交後會者，虧蝕西南角起；〔三〕先會後交者，虧蝕東南角起。其月在內道，先交後會者，虧蝕西北角起；先會後交者，虧蝕東北角起。虧蝕分多少，如上以十五爲法。會交中者，蝕盡。月蝕在日之衝，虧角與上反也。

月行遲疾度	損益率	盈縮積分	月行分
一日十四度十四分	益二十六	盈初	二百八十
二日十四度十一分	益二十三	盈積分十一萬八千五百三十四	二百七十七
三日十四度八分	益二十	盈積分二十二萬三千三百九十一	二百七十四
四日十四度五分	益十七	盈積分三十一萬四千五百七十一	二百七十一
五日十四度一分	益十三	盈積分三十九萬二千七十四	二百六十七
六日十三度十四分	益七	盈積分四十五萬一千三百四十一	二百六十一
七日十三度七分	損	盈積分四十八萬三千二百五十四	二百五十四
八日十三度一分	損六	盈積分四十八萬三千二百五十四	二百四十六
九日十二度十六分	損十	盈積分四十五萬五千九百	二百四十四
十日十二度十三分	損十三	盈積分四十一萬三百一十	二百四十一

十一日十二度十一分	損十五	盈積分三十五萬一千四百十三	二百三十九
十二日十二度八分	損十六	盈積分二十八萬二千六百五十八	二百三十六
十三日十二度五分	損二十一	盈積分二十萬五百九十六	二百三十三
十四日十二度三分	損二十三	盈積分十萬四千八百五十七	二百三十一
十五日十二度五分	益二十一	縮初	二百三十三
十六日十二度七分	益十九	縮積分九萬五千七百三十九	二百三十五
十七日十二度九分	益十七	縮積分十八萬二千三百六十	二百三十七
十八日十二度十二分	益十四	縮積分二十五萬九千八百六十三	二百四十
十九日十二度十五分	益十一	縮積分三十二萬三千六百八十九	二百四十三
二十日十二度十八分	益八	縮積分三十七萬三千八百三十八	二百四十六
二十一日十三度三分	益四	縮積分四十一萬三百一十	二百五十
二十二日十三度七分	損	縮積分四十二萬八千五百四十六	二百五十四
二十三日十三度十二分	損五	縮積分四十二萬八千五百四十六	二百五十九
二十四日十三度十八分	損十一	縮積分四十萬五千七百五十一	二百六十五
二十五日十四度五分	損十七	縮積分三十五萬五千六百二	二百七十一

二十六日十四度十一分	損二十三	縮積分二十七萬八千九十九	二百七十七
二十七日十四度十二分〔二二〕	損二十四	縮積分十七萬三千二百四十二〔二三〕	二百七十八
周日十四度十三分有小分六百二十六	損二十五有小分六百二十六	縮積分六萬三千八百二十六〔二四〕	二百七十九有小分六百二十六

推合朔交會月蝕入遲疾曆術曰：置所入紀朔積分，以所入紀下遲疾差率之數加之，以通周去之，餘滿日法得一日，不盡爲日餘，命日算外，則所求年天正十一月合朔入曆日也。

求次月，加一日，日餘四千四百五十。〔二五〕求望，加十四日，日餘三千四百八十九。日餘滿日法成日，日滿二十七去之。又除餘如周日餘，日餘不足除者，減一日，加周虛。

推合朔交會月蝕定大小餘：〔二六〕以入曆日餘乘所入曆損益率，以損益盈縮積分，爲定積分。以章歲減所入曆月行分，餘以除之，所得以盈減縮加本小餘。〔二七〕加之滿日法者，交會加時在後日；減之不足者，交會加時在前日。月蝕者，隨定大小餘爲日加時。入曆在周日者，以周日日餘乘縮積分，爲定積分。以損率乘入曆日餘，又以周日日餘乘之，以周日日度小分并之，以損定積分，餘爲後定積分。以章歲減周日月行分，餘以周日日餘乘之，以周日度小分并之，以除後定積分，所得以加本小餘，如上法。

推加時：以十二乘定小餘，滿日法得一辰，數從子起，算外，則朔望加時所在辰也。有餘不盡者四之，如日法而一爲少，二爲半，三爲太。又有餘者三之，如日法而一爲强，半法以上排成之，不滿半法廢棄之。〔二八〕以强幷少爲少强，幷半爲半强，幷太爲太强。得二强者爲少弱，以之幷少爲半弱，以之幷半爲太弱，以之幷太爲一辰弱。以所在辰命之，則各得其少、太、半及强、弱也。其月蝕望在中節前後四日以還者，〔二九〕視限數；在中節前後五日以上者，視間限。定小餘如間限、限數以下者，以算上爲日。

斗二十六分四百五十五　牛八　女十二　虛十　危十七　室十六　壁九

北方九十八度分四百五十五

奎十六　婁十二　胃十四　昴十一　畢十六　觜二　參九

西方八十度

井三十三　鬼四　柳十五　星七　張十八　翼十八　軫十七

南方百十二度

角十二　亢九　氐十五　房五　心五　尾十八　箕十一

東方七十五度

中節	日行所在度	日行黃道去極度	日中晷影	晝漏刻	夜漏刻	昏中星	明中星
冬至十一月中	斗二十一少〔三〇〕	百一十五度	丈三尺	四十五	五十五〔三一〕	奎六弱	亢二少强
小寒十二月節	女二少	百一十三强	丈二尺三寸	四十五八分	五十四二分	婁六半强〔三二〕	氐七强
大寒十二月中	虛五半弱〔三三〕	百一十太弱〔三四〕	丈一尺	四十六八分	五十三二分	胃十一太强〔三五〕	心半
立春正月節	危十太弱	百六少弱	九尺六寸	四十八六分	五十一四分	畢五少弱	尾七半弱
雨水正月中	室八太强〔三六〕	百一强	七尺九寸五分	五十八分	四十九二分	參六半弱	箕半〔三七〕
驚蟄二月節	壁八强	九十五强	六尺五寸〔三八〕	五十三三分	四十六七分	井十七少弱	斗初少
春分二月中	奎十四少强	八十九少强	五尺二寸五分	五十五八分	四十四二分	鬼四	斗十一弱
清明三月節	胃一半	八十三少弱	四尺一寸五分	五十八三分	四十一七分	星四太	斗二十一半

穀雨 三月中	昴二太	七十七太強	三尺二寸	六十五分	三十九五分	張十七	牛六半〔三九〕
立夏 四月節	畢六太〔四〇〕	七十三少弱	二尺五寸二分	六十二四分	三十七六分	翼十七太	女十少弱
小滿 四月中	參四少弱	六十九太	尺九寸八分	六十三九分	三十六一分	角太弱	危太弱
芒種 五月節	井十半弱〔四一〕	六十七少弱	尺六寸八分	六十四九分	三十五一分	亢五太	危十四強
夏至 五月中	井二十五半強〔四二〕	六十七強	尺五寸	六十五	三十五	氐十二少弱	室十二強
小暑 六月節	柳三太強	六十七太強	尺七寸	六十四七分	三十五三分	尾一太強	奎三太強
大暑 六月中	星四強	七十	二尺	六十三八分	三十六二分	尾十五半強〔四三〕	婁三太
立秋 七月節	張十二少	七十三半強	二尺五寸五分	六十二三分	三十七七分	箕九太強	胃九太弱〔四四〕
處暑 七月中	翼九半	七十八半強	三尺三寸三分	六十二分	三十九八分	斗十少	畢三太
白露 八月節	軫六太	八十四少強	四尺三寸五分	五十七八分	四十二二分	斗二十一強	參五少強

秋分八月中	角五弱	九十半強	五尺五寸〔四五〕	五十五二分	四十四八分	牛五少	井十六少強
寒露九月節	亢八半弱〔四六〕	九十六太強	六尺八寸五分	五十二六分	四十七四分	女七太	鬼三少強
霜降九月中	氐十四少強	百二少強	八尺四寸	五十三分	四十九七分	虛六太	星三太
立冬十月節	尾四半強	百七少強	丈〔四七〕	四十八二分	五十一八分	危八強	張十五太強
小雪十月中	箕一太強	百一十一弱	丈一尺四寸	四十六七分	五十三三分	室三半弱〔四八〕	翼十五太
大雪十一月節	斗六	百一十三太強	丈二尺五寸六分	四十五五分	五十四五分	壁半強	軫十五少強〔四九〕

右中節二十四氣，如術求之，得冬至十一月中也。加之得次月節，加節得其月中。中星以日所在爲正，〔五〇〕置所求年二十四氣小餘，四之，如法得一爲少；不盡少，三之，如法爲強；所得以減其節氣昏明中星各定。〔五一〕

推五星術

五星者，木曰歲星，火曰熒惑星，土曰塡星，金曰太白星，水曰辰星。凡五星之行，有遲有疾，有留有逆。曩自開闢，淸濁始分，則日月五星聚于星紀。發自星紀，並而行天，遲疾留逆，互相逮及。星與日會，同宿共度，則謂之合。從合至合之日，則謂之終。各以一終之日與一歲之日通分相約，終而率之，歲數歲則謂之合終歲數，歲終則謂之合終合數。〔五二〕二率既定，則法數生焉。以章歲乘合數，爲合月法。以紀法乘合數，爲日度法。以章月乘歲數，爲合月分；如合月法爲合月數，合月之餘爲月餘。以通數乘合月數，如日法而一，爲大餘。以六十去大餘，餘爲星合朔大餘。大餘之餘爲朔小餘。以通數乘月餘，以合月法乘朔小餘，并之，以日法乘合月法除之，所得星合入月日數也。餘以通法約之，爲入月日餘。〔五三〕以朔小餘減日法，餘爲朔虛分。以曆斗分乘合數，爲星度斗分。木、火、土各以合數減歲數，餘以周天乘之，如日度法而一，所得則行星度數也，餘則度餘。金、水以周天乘歲數，如日度法而一，所得則行星度數也，餘則度餘也。

木：合終歲數，一千二百五十五。

合終合數，一千一百四十九。

合月法，二萬一千八百三十一。〔五四〕

日度法，二百一十一萬七千六百七。

合月數，一十三。

月餘，一萬一千一百二十二。

朔大餘，二十三。

朔小餘，四千九十三。

入月日，一十五。

月餘，一百九十九萬五千六百六十四。

朔虛分，四百六十六。

斗分，五十二萬二千七百九十五。

行星度，三十三。

度餘，一百四十七萬二千八百六十九。

火：合終歲數，五千一百五。

合終合數，二千三百八十八。

合月法，四萬五千三百七十二。

日度法，四百四十萬一千八百八十四。

合月數，二十六。

月餘，二萬三。

朔大餘，四十七。

朔小餘，三千六百二十七。
入月日，一十三。
日餘，三百五十八萬五千二百三十。
朔虛分，九百三十二。
斗分，一百八萬六千五百四十。
行星度，五十。
度餘，一百四十一萬二千一百五十。

土：

合終歲數，三千九百四十三。
合終合數，三千八百九。
合月法，七萬二千三百七十一。
日度法，七百一萬九千九百八十七。
合月數，一十二。
月餘，五萬八千一百五十三。
朔大餘，五十四。
朔小餘，一千六百七十四。

入月日，二十四。
日餘，六十七萬五千三百六十四。
朔虛分，二千八百八十五。
斗分，一百七十三萬三千九十五。
行星度，一十二。
度餘，五百九十六萬二千二百五十六。

金：合終歲數，一千九百七。
合終合數，二千三百八十五。
合月法，四萬五千三百一十五。
日度法，四百三十九萬五千五百五十五。
合月數，九。
月餘，四萬三百一十。
朔大餘，二十五。
朔小餘，三千五百三十五。
入月日，二十七。〔五五〕

日餘，十九萬四千九百九十。

朔虛分，一千二十四。

斗分，一百八萬五千一百七十五。〔三六〕

行星度，二百九十二。

度餘，十九萬四千九百九十。

水：合終歲數，一千八百七十。

合終合數，一萬一千七百八十九。

合月法，二十二萬三千九百九十一。

日度法，二千一百七十二萬七千一百二十七。

合月數，一。

月餘，二十一萬五千四百五十九。

朔大餘，二十九。

朔小餘，二千四百一十九。

入月日，二十八。

日餘，二千三十四萬四千二百六十一。

朔虚分，二千一百四十。

斗分，五百三十六萬三千九百九十五。

行星度，五十七。

度餘，二千三十四萬四千三百六十一。

推五星術曰：置壬辰元以來盡所求年，以合終合數乘之，滿合終歲數得一，名積合，不盡名爲合餘。以合終合數減合餘，得一者星合往年，得二者合前往年，無所得，合其年。餘以減合終合數，爲度分。金、水積合，偶爲晨，奇爲夕。

推五星合月：以月數、月餘各乘積合，餘滿合月法從月，爲積月，不盡爲月餘。以紀月除積月，所得算外，所入紀也，餘爲入紀月。副以章閏乘之，〔五七〕滿章月得一爲閏，以減入紀月，餘以歲中去之，餘爲入歲月，命以天正起，算外，星合月也。其在閏交際，以朔御之。

推合月朔：以通數乘入紀月，滿日法得一，爲積日，不盡爲小餘。以六十去積日，餘爲大餘，命以所入紀，算外，星合朔日也。

推入月日：以通數乘月餘，合月法乘朔小餘，并之，通法約之，所得滿日度法得一，則星合入月日也，不滿爲日餘。命日以朔，算外，入月日也。

推星合度：以周天乘度分，滿日度法得一爲度，不盡爲餘。命以牛前五度起，算外，星所合度也。

求後合月：以月數加入歲月，以餘加月餘，餘滿合月法得一月。月不滿歲中，即在其年；滿去之，有閏計焉，餘爲後年；再滿，在後二年。金、水加晨得夕，加夕得晨也。

求後合朔：以朔大、小餘數加合朔月大、小餘，其月餘上成月者，又加大餘二十九，小餘二千四百一十九，小餘滿日法從大餘，命如前法。

求後入月日：〔五八〕以入月日、日餘加入月日及餘，餘滿日度法得一。其前合朔小餘滿其虛分者，去一日；後小餘滿二千四百一十九以上，去二十九日；不滿，去三十日，其餘則後合入月日，命以朔。求後合度，以度數及分，〔五九〕如前合宿次命之。

木：晨與日合，伏，順，十六日九十九萬七千八百三十二分行星二度百七十九萬五千二百三十八分，而晨見東方，在日後。順，疾，日行五十七分之十一，五十七日行十一度。順，遲，日行九分，五十七日行九度而留。不行二十七日而旋。逆，日行七分之一，八十四日退十二度而復留。二十七日復遲，日行九分，五十七日行九度而復順。疾，日行十一分，五十七日行十一度，在日前，夕伏西方。順，十六日九十九萬七千八百三十二分行星二度百七十九萬五千二百三十八分，而與日合。凡一終，三百九十八日百九十九萬五千六百六十四分，行星三十三度百四十七萬二千八百六十九分。

火：晨與日合，伏，七十二日百七十九萬二千六百一十五分行星五十六度百二十四萬九千三百四十五分，而晨見東方，在日後。順，日行二十三分之十四，百八十四日行百一十二度。更順，遲，日行十二分，九十二日行四十八度而留。不行十一日而旋。逆，日行六十二分之十七，六十二日退十七度而復留。十一日復順，遲，日行十二分，九十二日行四十八度而復疾。日行十四分，百八十四日行百一十二度，在日前，夕伏西方。順，七十二日百七十九萬二千六百一十五分行星五十六度百二十四萬九千三百四十五分，而與日合。凡一終，七百八十日三百五十八萬五千二百三十分，行星四百一十五度二百四十九萬八千六百九十分。

土：晨與日合，伏，十九日三百八十四萬七千六百七十五分半行星二度六百四十九萬一千一百二十一分半，而晨見東方，在日後。順，行百七十二分之十三，〔六〇〕八十六日行六度半而留。不行三十二日半而旋。逆，日行十七分之一，〔六一〕百二日退六度而復留。〔六二〕不行三十二日半復順，日行十三分，八十六日行六度半，在日前，夕伏西方。順，十九日三百八十四萬七千六百七十五分半行星二度六百四十九萬一千一百二十一分半，而與日合。凡一終，三百七十八日六十七萬五千三百六十四分，行星十二度五百九十六萬二千二百五十六分。

金：晨與日合伏，六日退四度，而晨見東方，在日後而逆。遲，日行五分之三，十日退六度。留，不行七日而旋。順，遲，日行四十五分之三十三，四十五日行三十三度而順。疾，日行一度九十一分之十四，九十一日行百五度而順。益疾，日行一度九十一分之二十一，九十一日行百一十二度，在日後，而晨伏東方。順，四十二日十九萬四千九百九十分行星五十二度十九萬四千九百九十分，〔六三〕而與日合。一合，二百九十二日十九萬四千九百九十分，〔六四〕行星如之。

金：夕與日合，伏，順，四十二日十九萬四千九百九十分行星五十二度十九萬四千九百九十分，而夕見西方，在日前。順，疾，日行一度九十一分之二十一，九十一日行百一十二度而更順。〔六五〕遲，日行一度十四分，九十一日行百五度而順。〔六六〕益遲，日行四十五分之三十三，四十五日行三十三度而留。不行七日而旋。〔六七〕逆，日行五分之三，十日退六度，在日前，夕伏西方。逆，六日退四度，而與日合。凡再合一終，五百八十四日三十八萬九千九百八十分，〔六八〕行星如之。

水：晨與日合，伏，十一日退七度，而晨見東方，在日後。逆，疾，一日退一度而留。不行一日而旋。順，遲，日行八分之七，八日行七度而順。疾，日行一度十八分之四，十八日行二十二度，在日後，晨伏東方。順，十八日二千三十四萬四千二百六十一分行星三十六度二千三十四萬四千二百六十一分，而與日合。凡一合，五十七日二千三十四萬四千二百六十一分，行星如之。

水：夕與日合，伏，十八日二千三十四萬四千二百六十一分行星三十六度二千三十四萬四千二百六十一分，而夕見西方，在日前。順，疾，日行一度十八分之四，十八日行二十二度而更順。遲，日行八分之七，八日行七度而留。〔六九〕不行一日而旋。逆，一日退一度，在日前，夕伏西方。逆，十一日退七度，而與日合。凡再合一終，百一十五日千八百九十六萬一千三百九十五分，行星如之。

五星曆步術

以法伏日度餘加星合日度餘，餘滿日度法得一從全，命之如前，得星見日及度餘也。以星行分母乘見度分，如日度法得一，分不盡，半法以上亦得一，而日加所行分，分滿其母得一度。逆順母不同，以當行之母乘故分，如故母而一，當行分也。留者承前，逆則減之，伏不盡度，除斗分，〔七〇〕以行母爲率。分有損益，前後相御。

武帝侍中平原劉智，以斗曆改憲，推四分法，三百年而減一日，以百五十爲度法，三十七爲斗分。推甲子爲上元，至泰始十年，歲在甲午，九萬七千四百一十一歲，上元天正甲子朔夜半冬至，日月五星始于星紀，得元首之端。飾以浮說，名爲正曆。

當陽侯杜預著春秋長曆，說云：

日行一度，月行十三度十九分之七有奇，日官當會集此之遲疾，以考成晦朔，以設閏月。閏月無中氣，而北斗邪指兩辰之間，所以異於他月。積此以相通，四時八節無違，乃得成歲，其微密至矣。得其精微，以合天道，則事敍而不愆。故傳曰：「閏以正時，時以作事。」然陰陽之運，隨動而差，差而不已，遂與曆錯。故仲尼、丘明每於朔閏發文，蓋矯正得失，因以宣明曆數也。

劉子駿造三正曆以修春秋，〔七一〕日蝕有甲乙者三十四，而三正曆惟得一蝕，比諸家既最疏。又六千餘歲輒益一日，凡歲當累日爲次，而故益之，此不可行之甚者。

自古已來，諸論春秋者多違謬，或造家術，或用黃帝已來諸曆，以推經傳朔日，皆不諧合。日蝕於朔，此乃天驗，經傳又書其朔蝕，可謂得天，而劉賈諸儒說，皆以爲月二日或三日，公違聖人明文，其弊在於守一元，不與天消息也。

余感春秋之事，嘗著曆論，極言曆之通理。其大指曰：天行不息，日月星辰各運其舍，皆動物也。物動則不一，雖行度有大量可得而限，累日爲月，累月爲歲，以新故相涉，不得不有毫末之差，此自然之理也。故春秋日有頻月而蝕者，有曠年不蝕者，理不得一，而算守恒數，故曆無不有先後也。始失於毫毛，而尚未可覺，積而成多，以失弦望晦朔，則不得不改憲以從之。書所謂「欽若昊天，曆象日月星辰」，易所謂「治曆明時」，言當順天以求合，非爲合以驗天者也。推此論之，春秋二百餘年，其治曆變通多矣。雖數術絕滅，遠尋經傳微旨，大量可知，時之違謬，則經傳有驗。學者固當曲循經傳月日、日蝕，以考晦朔，以推時驗；而皆不然，各據其學，以推春秋，此無異於度己之跡，而欲削他人之足也。

余爲曆論之後，至咸寧中，善算者李修、卜顯，〔七三〕依論體爲術，名乾度曆，表上朝廷。其術合日行四分數而微增月行，用三百歲改憲之意，二元相推，七十餘歲，承以强弱，强弱之差蓋少，而適足以遠通盈縮。時尚書及史官，以乾度與泰始曆參校古今記注，乾度曆殊勝泰始曆，上勝官曆四十五事。今其術具存。又幷考古今十曆以驗春秋，知三統之最疏也。

春秋大凡七百七十九日，三百九十三經，三百八十六傳。其三十七日蝕。三無甲乙。

黃帝曆得四百六十六日，一蝕。

顓頊曆得五百九日，八蝕。

夏曆得五百三十六日，十四蝕。

眞夏曆得四百六十六日，一蝕。

殷曆得五百三日，十三蝕。

周曆得五百六日，十三蝕。

眞周曆得四百八十五日，一蝕。

魯曆得五百二十九日，十三蝕。

三統曆得四百八十四日，一蝕。

乾象曆得四百九十五日，七蝕。

泰始曆得五百一十日，十九蝕。

乾度曆得五百三十八日，十九蝕。

今長曆得七百四十六日，三十三蝕。失三十三日，經傳誤；四日蝕，〔七三〕三無甲乙。

漢末，宋仲子集七曆以考春秋，案其夏、周二曆術數，皆與藝文志所記不同，故更名爲眞夏、眞周曆也。

穆帝永和八年，著作郎琅邪王朔之造通曆，以甲子爲上元，積九萬七千年，四千八百八十三爲紀法，千二百五爲斗分，〔一四〕因其上元爲開闢之始。

後秦姚興時，當孝武太元九年，歲在甲申，天水姜岌造三紀甲子元曆，其略曰：「治曆之道，必審日月之行，然後可以上考天時，下察地化。一失其本，則四時變移。故仲尼之作春秋，日以繼月，月以繼時，時以繼年，年以首事，明天時者人事之本，是以王者重之。自皇羲以降，暨于漢魏，各自制曆，以求厥中。考其疏密，惟交會薄蝕可以驗之。然書契所記，惟春秋著日蝕之變，自隱公訖于哀公，凡二百四十二年之間，日蝕三十有六，考其晦朔，不知用何曆也。班固以爲春秋因魯曆，魯曆不正，故置閏失其序。魯以閏餘一之歲爲蔀首，檢春秋置閏不與此蔀相符也。命曆序曰：孔子爲治春秋之故，退修殷之故曆，使其數可傳於後。如是，春秋宜用殷曆正之。今考其交會，不與殷曆相應，以殷曆考春秋，月朔多不及其日，又以檢經，率多一日，傳率少一日。但公羊經傳異朔，於理可從，而經有蝕朔之驗，傳爲失之也。服虔解傳用太極上元，太極上元迺三統曆劉歆所造元也，何緣施於春秋？於春秋而用漢曆，於義無乃遠乎？傳之違失多矣，不惟斯事而已。襄公二十七年冬十有一月乙亥朔，日有蝕之。傳曰：『辰在申，司曆過，再失閏也。』考其去交分，交會應在此月，而不爲再失閏也。案歆曆於春秋日蝕一朔，其餘多在二日，因附五行傳，著朓與側匿之說云：春秋時諸侯多失其政，故月行恒遲。歆不以曆失天，而爲之差說。日之蝕朔，此乃天驗也，而歆反以己曆非此，冤天而負時曆也。杜預又以爲周衰世亂，學者莫得其眞，今之所傳七曆，皆未必是時王之術也。今誠以七家之曆，以考古今交會，信無其驗也，皆由斗分疏之所致也。殷曆以四分一爲斗分，三統以一千五百三十九分之三百八十五爲斗分，乾象以五百八十九分之一百四十五爲斗分，今景初以一千八百四十三分之四百五十五爲斗分，疏密不同，法數各異。殷曆斗分粗，故不施於今。乾象斗分細，故不得通於古。景初斗分雖在粗細之中，而日之所在乃差四度，日月虧已，〔七五〕皆不及其次，假使日在東井而蝕，以月驗之，迺在參六度，差違乃爾，安可以考天時人事乎？今治新曆，以二千四百五十一分之六百五爲斗分，日在斗十七度，天正之首，上可以考合於春秋，下可以取驗於今世。以之考春秋三十六蝕，正朔者二十有五，蝕二日者二，蝕晦者二，誤者五，凡三十三蝕，〔七六〕其餘蝕經無日諱之名，無以考其得失。圖緯皆云『三百歲斗曆改憲』。以今新曆施於春秋之世，日蝕多在朔。春秋之世，下至於今，凡一千餘歲，交會弦望故進退於三蝕之間，此法迺可永載用之，豈三百歲斗曆改憲者乎？」

甲子上元以來，至魯隱公元年己未歲，凡八萬二千七百三十六，至晉孝武太元九年甲申歲，凡八萬三千八百四十一，算上。

元法，七千三百五十三。〔七七〕
紀法，二千四百五十一。
通數，十七萬九千四十四。
日法，六千六十二。
月周，三萬二千七百六十六。
氣分，萬二千八百六十。
元月，九萬九百四十五。
紀月，三萬三百一十五。
沒分，四萬四千七百六十一。
沒法，六百四十三。〔七八〕
斗分，六百五。
周天，八十九萬五千二百二十。一名紀日。
章月，二百三十五。
章歲，十九。
章閏，七。

歲中，十二。

會數，四十七。日月八百九十三歲，凡四十七會，分盡。

氣中，十二。

甲子紀　交差，九千一百五十七。

甲申紀　交差，六千三百三十七。

甲辰紀　交差，三千五百一十七。〔七九〕

周半，一百二十七。

朔望合數，九百四十一。

會歲，八百九十三。

會月，萬一千四十五。

小分，二千一百九十六。〔八〇〕

章數，一百二十九。〔八一〕

小分，二千一百八十三。

周閏大分，七萬六千二百六十九。

曆周，四十四萬七千六百一十。半周天。

會分，三萬八千一百三十四。〔八二〕

差分，一萬一千九百八十六。〔八三〕

會率，一千八百八十二。

小分法，二千二百九。

入交限，一萬一百四。

小周，二百五十四。

甲子紀　差率，四萬九千一百七十八。

甲申紀　差率，五萬八千二百三十一。〔八四〕

甲辰紀　差率，六萬七千二百八十四。

通周，十六萬七千六百六十三。

周日日餘，三千三百六十二。

周虛，二千七百一。

五星約法，據出見以爲正，不繫於元本。然則算步究於元初，約法施於今用，曲求其趣，則各有宜，故作者兩設其法也。岌以月蝕檢日宿度所在，爲曆術者宗焉。又著渾天論，以步日於黃道，駁前儒之失，幷得其中矣。

校勘記

〔一〕是以累代曆數至常改革不已　此二十一字移在上文「故先密後疏而不可用也」後，文義較順。恐係錯簡。

〔二〕紀歲中　占經一〇五無「紀」字。古曆法無「紀歲中」之名，「紀」字當删。

〔三〕七百四十九　「四」原作「三」，宋志上作「四」，與推算合，今據改。

〔四〕紀首合朔月在日道裏　依曆理「裏」當作「表」。

〔五〕紀首合朔月在日道裏　依曆理「裏」當作「表」。

〔六〕則得後紀　「紀」字原無，今依宋志上補。

〔七〕則得後紀　「紀」字原無，今依宋志上補。

〔八〕定小餘如在中節者定小餘如所近中節間限數限數以下者算上爲日　此段有衍文。宋志上作「定小餘如所近中節間限、限數以下者，算上爲日」，則有脱誤。按文義，應作「定小餘如在所近中節間限、限數以下者，算上爲日」。

〔九〕限數千一百二十二　限數依下法求之：以一百除日法四千五百五十九，乘以中節夜漏刻之半。依法求得雨水之限數爲千一百二十二。原「十」上脱「二」字，今補。

〔一〇〕間限千三十六　間限係該中節之限數與後中節限數之平均數。依法求得驚蟄之間限爲千一三十六。原作「千二十五」，誤，今改正。
〔一一〕間限八百一十二　「二」原作「三」，今改。
〔一二〕間限八百一　各本原無「一」字，今從宋本。
〔一三〕餘命以紀　原無「餘」字，據宋志上補。
〔一四〕分少退一度　「少」下原有「進」字，據宋志上删。
〔一五〕月在張心署之　「月」原作「夕」，據續漢志下改。
〔一六〕以大分從朔夜半日度分　「度分」原作「夜」，今據宋志上並參酌文義改。
〔一七〕數滿命如前　「數滿」，各本誤倒作「滿數」，宋本不誤，今從之，與宋志上合。
〔一八〕以所入紀下交會差率之數加之　「以」下原衍「前」字，據宋志上删。
〔一九〕則豫伺之　校文：宋志「之」下有「前月」二字。
〔二〇〕則後伺之　校文：宋志「之」下有「後月」二字。
〔二一〕虧蝕西南角起　各本「蝕」下有「而」字，據宋志上删。
〔二二〕十二分　原作「十一分」。以月平行度十三度七分加損率二十四分，分滿十九進，得本日月行十四度十二分。因據改。

〔二三〕縮積分十七萬三千二百四十二　「二」字各本無，宋志上有，與推算合，因據補。

〔二四〕縮積分六萬三千八百二十六　「三千」原作「二千」，「二十六」原作「二十四」，據宋志上改。

〔二五〕加一日日餘四千四百五十　「一日」下原無「日」字，據局本、宋志上補。

〔二六〕推合朔交會月蝕定大小餘　「蝕」原誤作「餘」，據宋志上改。

〔二七〕所得以盈減縮加本小餘　「本」原作「大」，據宋志上改。

〔二八〕不滿半法廢棄之　「半」，各本無，據宋志上補。

〔二九〕其月蝕望在中節前後四日以還者　「月」下原有「餘」字，「還」下有「日以上」三字，今據宋志上刪。

〔三〇〕斗二十一少　「一」字原無，據宋志上補。

〔三一〕五十五　原作「四十五」，據宋志上改。

〔三二〕婁六半强　「六」原誤作「五」。景初曆二十四氣各數係沿用四分曆數字，其日行所在度、昏、明中星尾數則略有出入，此係兩曆斗分微有差異所致。本表數字均據李銳四分術注所述方法加以校算。凡差異較大或另有所根據者，加以改正。如僅尾數有出入，則於校記指出正確之數，不加改正。

〔三三〕虛五半弱　原無「五」字，「弱」作「强」。原數誤，今改正。

〔三四〕百一十太弱　「一十」原作「一十一」，「弱」原作「强」，據宋志上改。

〔三五〕胃十一太强　當作「胃十一半强」。

〔三六〕室八太强　「强」原作「弱」，據宋志上改。

〔三七〕箕半　宋志上作「半弱」，據核算，當作「半强」。

〔三八〕六尺五寸　原「五寸」下有「五分」二字。據續漢志下、宋志上删「五分」二字。

〔三九〕牛六半　「牛」原作「斗」，據宋志上改。

〔四〇〕畢六太　當作「畢七」。

〔四一〕井十半弱　「十」原作「少」，據宋志上改。

〔四二〕井二十五半强　「强」原作「弱」，據宋志上改。

〔四三〕尾十五半强　「半强」當作「半弱」。

〔四四〕胃九太弱　「弱」原作「强」，據宋志上改。

〔四五〕五尺五寸　「五寸」下原有「二分」二字，據續漢志下删。

〔四六〕亢八半弱　「半弱」當作「少弱」。

〔四七〕丈　原作「丈八寸三分」。李鋭四分曆注：祖冲之稱四分志立冬中景長一丈，立春中景九尺六寸。相加半之，得九尺八寸，與冲之術立春、立冬景正合。按：景初曆晷影承襲四分曆術，續漢志四分曆晷影原誤作一丈四寸二分，景初曆則誤作一丈八寸三分，今據李説删「八寸三分」四字。

〔四八〕室三半弱　「半弱」當作「太强」。

〔四九〕軫十五少强　「少强」當作「少」。

〔五〇〕中星以日所在爲正　「中」字原脫，據宋志上補。

〔五一〕所得以減其節氣昏明中星各定　「定」下疑脫「數」字。

〔五二〕歲數歲則謂之合終歲數歲終則謂之合終合數　依文義，當作「歲則謂之合終歲數，終則謂之合終合數」。

〔五三〕爲入月日餘　「入月」二字原脫，據宋本、宋志上補。

〔五四〕合月法二萬一千八百三十一　「合月」下原有「度」字，「三十一」原作「四十一」，據宋志上刪改。

〔五五〕入月日二十七　「七」原作「五」，據宋志上改。

〔五六〕斗分一百八萬五千一百七十五　「一百」原作「二百」，據宋志上改。

〔五七〕副以章閏乘之　「副」字疑衍。

〔五八〕求後入月日　「後」下當有「合」字。

〔五九〕求後合度以度數及分　原無「度以」二字，據宋志上補。

〔六〇〕順行百七十二分之十三　「順」下當有「日」字。

〔六一〕日行十七分之一　「十」字原無，據宋志上補。

〔六二〕百二日退六度　「日」下原有「半而」二字，據宋志上删。

〔六三〕十九萬四千九百九十分　各本無「九百」二字，殿本有，今從之，與宋志上合。

〔六四〕二百九十二日十九萬四千九百九十分　「二日」原作「三日」，又無「九百」，據宋志上改補。

〔六五〕九十一日　「九」原作「六」，據宋志上改。

〔六六〕行百五度而順　勞校：「五」上疑脫「百」字。按：宋志上有「百」字，今據補。

〔六七〕不行七日而旋　原無「而」字，據宋志上補。

〔六八〕九百八十分　原作「八百八十分」，據宋志上改。

〔六九〕八日行七度而留　「八」上原有「十」字，據宋志上删。

〔七〇〕伏不盡度除斗分　「盡」當作「書」。「除斗分」依文義，當作「經斗除斗分」。

〔七一〕劉子駿造三正曆　「三正曆」當作「三統曆」。下同。

〔七二〕卜顯　斠注：長曆「卜顯」作「夏顯」，續漢志注引同。

〔七三〕四日蝕　此係指長曆較之春秋失四日蝕，當作夾注，而各本誤刻爲大字。今改爲小字注文。

〔七四〕千二百五爲斗分　「二百」，各本原作「三百」。王朔之襲黃初曆，以四千八百八十三爲紀法，千二百五爲斗分。「三百」當作「二百」，今據正。

〔七五〕日月虧已　周校：「虧已」當作「虧損」。

〔七六〕凡三十三蝕　孫人龍晉書考證：正朔者二十五，二日者二，晦者二，誤者五，共三十四蝕。此云「三十三蝕」，必有誤字。

〔七七〕元法七千三百五十三　「五十三」原無「三」字。三紀法，得元法七千三百五十三，「三」字應有，今補。

〔七八〕沒法六百四十三　「四」原作「三」。以二十除氣分萬二千八百六十，得沒法六百四十三。今改正。

〔七九〕甲申紀交差六千三百三十七甲辰紀交差三千五百一十七　原作「甲申紀交差六千三百四十七」，「甲辰紀交差三千一百一十七」，「四」作「三」，「五」作「一」。按：交差之紀差爲二千八百二十，以之減甲子紀交差九千一百五十七，得甲申紀交差六千三百三十七。又減，得甲辰紀交差三千五百一十七。今改正。

〔八〇〕小分二千一百九十六　原作「日分法二千五百」。此係會分餘數，以朔望合數乘曆數，得四億二千一百二十萬一千十，如會月而一，得會分三萬八千一百三十四，餘萬一千四十五分之萬九百八十。餘數各以五約之，得二千二百九分之二千一百九十六。前者爲小分法，後者當爲小分。原「小分」誤爲「日分法」，數字譌脫更甚，今正。

〔八一〕章數一百二十九　「九」原作「七」。以章歲十九除紀法二千四百五十一，得章數一百二十九。

「九」誤「七」，今改正。

〔八二〕會分三萬八千一百三十四　原「三十」譌作「四十」，今改正。

〔八三〕差分一萬一千九百八十六　此上原有「月周三萬二千七百六十六」一行，以其復出，故删。

〔八四〕甲申紀差率五萬八千二百三十一　「三十一」原作「四十」。差率之紀差爲九千五十三，以之加甲子紀差率，得甲申紀差率五萬八千二百三十一。原「三十一」誤作「四十」，今改正。